社会に参加する力を育む 単元開発

障害の重い子供のための各教科の授業づくり

下山　直人

監修

筑波大学附属桐が丘特別支援学校

編著

ジアース教育新社

はじめに
～桐が丘からの提案～

本書は、「障害の重い子供のための各教科の授業づくり」に関する、筑波大学附属桐が丘特別支援学校（以下、「桐が丘」という）からの提案です。

本書でいう「障害の重い子供の各教科」とは、特別支援学校の学習指導要領に示されている、知的障害の子供のために用意された各教科を指します。国語や算数・数学等の各教科について小学部には３段階、中学部と高等部には各２段階の目標と内容が示されています。知的障害の子供たちのほか、知的障害に加え肢体不自由などを併せ有する子供たちを含め、特別支援学校や小・中学校の特別支援学級で多くの子供たちが学んでいます。

平成29・31年改訂の学習指導要領において、各教科の本質を踏まえた授業づくりにより、「資質・能力」を育む授業づくりが、全ての学校で求められるようになりました。このことは、知的障害の子供を対象とした各教科においても同様です。しかしながら、知的障害の子供を対象とした教育では、各教科の取扱いが曖昧のまま各教科等を合わせた指導が行われていたり、障害の重い子供を対象とする場合には、各教科の指導がそもそも十分行われていなかったりする現状にあります。

このため障害の重い子供の各教科の授業について悩む教師は多いのですが、授業づくりの手がかりになる情報が少ない状況です。障害の重い子供の各教科の授業づくりを体系的に扱った書籍はなく、各教科の実践例が散見される程度と言ってよいでしょう。

桐が丘では、障害の重い子供の各教科の授業づくりをテーマとした研究を進め、授業づくりについての知見と実践例を蓄積してきました。私たちが行ってきた授業づくりを書籍として提案することによって、全国の特別支援学校で各教科の実践を活性化し、実践例の交流を図っていきたいと考え、本書を企画しました。

本書の第１章では、障害の重い子供の各教科について整理します。第２章では、障害の重い子供の授業づくりについての桐が丘の考え方を提案します。第３章以降には、各教科について授業づくりの考え方と発達段階ごとの実践例を掲載しました。

本書の発刊を機に、障害の重い子供を対象にした各教科の授業について、これまで以上に活発な情報交換が行われ、よい授業実践がたくさん生み出されていくことを願ってやみません。授業は、子供の成長を期して行われる行為です。よい授業は、子供の可能性を拓き、よりよい社会参加を促進することでしょう。

障害の重い子供の教育に関心のある皆さん、ぜひ、私たちと一緒に「授業づくり」の扉を開いていきましょう。

令和４年８月

監修者　下山 直人

Contents

第5章　生活科・社会科・理科の授業づくり

第6章　音楽科の授業づくり

第 **7** 章　　**体育・保健体育科の授業づくり**

第 **8** 章　　**図画工作・美術科の授業づくり**

第 1 章

障害の重い子供の
各教科の指導で
目指すもの

障害の重い子供の教育の現状

1 本書における「障害の重い子供」

　本書でいう「障害の重い子供」とは、知的障害を伴う重複障害の子供を指します。

　例えば、肢体不自由と知的障害、病弱と知的障害といった何らかの障害と知的障害を併せ有する子供です。二つの障害があるだけでなく、肢体不自由と視覚障害、それに知的障害を併せ有する場合など三つ以上の障害がある場合もあります。また、自閉症や言語障害などに知的障害を伴う場合も含めることとします。本書では、何らかの障害に、知的障害を伴う子供の各教科の学習を取り上げます。

　肢体不自由や病弱といった障害があるだけでも、身体の動きに制約があったり授業時間が限られたりするという学習上の困難があります。それに知的障害が加わるのですから、その困難はますます大きなものになるでしょう。

　一般に知的障害の子供の学習上の特性として、「学習によって得た知識や技能が断片的になりやすく、実際の生活の場面の中で生かすことが難しい」（特別支援学校学習指導要領解説各教科等編）ことが挙げられます。そうした特性に、肢体不自由等により経験が乏しく、操作を伴う活動が難しいなど他の困難さが加わるのです。当然、指導する教師の側にも戸惑いや悩みがあることでしょう。本書では、こうした学習上の困難が大きい知的障害を伴う重複障害の子供の各教科の授業づくりについて、現場からの提案を行っていきます。

2　障害の重い子供の教育の現状

（1）知的障害を伴う重複障害の子供

　知的障害を伴う重複障害の子供の多くは、特別支援学校に在籍しています。地域に特別支援学校がないといった事情や保護者の希望等によって、小学校や中学校の特別支援学級で学んでいるケースもありますが、ここでは特別支援学校の在籍状況を見ておくことにしましょう。

　令和元年度の状況を表1に示しました。全国には、1,146校の特別支援学校があり、14万5千人の子供が在籍しています。視覚障害、聴覚障害、知的障害、肢体不自由、病弱のいずれかの障害が一つある場合、単一障害と言います。単一障害の学級に在籍する子供は10万7千人で、在籍者全体の74％に当たります。

　「視覚障害と知的障害」「知的障害と肢体不自由と病弱」のように複数の障害がある場合を重複障害と言い、重複障害の子供のために設置される学級を「重複障害学級」と言います。重複障害学級には、全体の26％に当たる3万7千人が在籍しています。その重複障害学級在籍者のうち、99％が知的障害を伴う子供です。重複障害学級在籍者のうち、知的障害のない子供は1％です。特別支援学校在籍者の4分の1が知的障害を伴う重複障害の子供と言ってよいでしょう。

　では、担当の教師はどの位いるのでしょう。統計がないので正確には分からないのですが、学級数等から推測してみましょう。全国の特別支援学校には、知的障害を伴う重複障害の子供が所属する学級が、令和元年度の調べで14,533学級設置されています。学級には、学級担任を置かなければならないので、少なくとも学級数分の教師が配置されています。また、重複障害児は支援の必要度も大きいため、1学級を複数で担任していることが珍しくありません。さらに、主幹や主任などの役割を担う教師や音楽等専科を担当する教師もいます。知的障害を伴う重複障害の子供の教育には、1万5千人を超える多数の教師が関わっていると考えられます。

表1　特別支援学校における知的障害を伴う重複障害児童生徒数
（国・公・私立計、幼・小・中・高計）

		学級数（学級）	在籍者数（人）
単一障害		21,605	107,281
重複障害		14,748	37,153
	知的障害を伴う	14,533	36,707
	知的障害を伴わない	215	446
合　　計		36,353	144,434

※文部科学省「特別支援教育資料」（令和元年度）より作成

障害の重い子供の各教科の指導で目指すもの

（2）障害の重い子供の各教科の取扱いに関する心配

　平成29年に特別支援学校小学部・中学部学習指導要領（以下、単に「学習指導要領」という）が改訂されました。この改訂では、各教科でどんな内容を教えるかもさることながら、どんな力を付けるのかが重視され、付けていく力が「資質・能力」として示されました。各教科で育成する資質・能力は、「知識及び技能」「思考力、判断力、表現力等」「学びに向かう力、人間性等」の3観点から整理され、それらの資質・能力の育成を「主体的・対話的で深い学びの実現に向けた授業改善」によって追求する方針が示されたのです。特別支援学校も例外なく、各教科の資質・能力の育成が強く求められることになりました。

　各教科で資質・能力の育成が求められる中、障害の重い子供の教育については、各教科の取扱いに心配があることが学習指導要領の解説に示されています。特別支援学校学習指導要領解説総則編（以下、「解説総則編」という）に、次のような指摘があります。

・（各教科等の一部又は全部を合わせて指導を行う際）、指導を担う教師が教育の内容と指導の形態とを混同し、結果として学習活動が優先され、各教科等の内容への意識が不十分な状態にならないようにしなければならない。
・（各教科等の一部又は全部に替えて自立活動を主として指導する場合）、障害が重複している、あるいはその障害が重度であるという理由だけで、各教科等の目標や内容を取り扱うことを全く検討しないまま、安易に自立活動を主とした指導を行うようなことのないように留意しなければならない。

（　　）内及び下線は筆者による

　学習指導要領には、障害の状態に応じて適切な教育ができるように、教科の取扱いの特例が「重複障害者等に関する教育課程の取扱い」として設けられています。障害の状態により特に必要な場合には、各教科等の目標や内容の一部や全部を合わせて指導を行うことや、各教科等の一部または全部を自立活動に替えて指導することができます。

　こうした特例は、各教科等の目標や内容を効果的に指導するために設けられています。ところが、「各教科等の内容への意識が不十分」とか「各教科等の目標や内容を取り扱うことを全く検討しない」など、効果的な指導どころか各教科の取扱いそのものに対する心配な状況が指摘されているのです。各教科で目指す資質・能力を確実に育成しようとするときに、各教科の目標や内容を取り上げなかったり意識しなかったりでは、指導以前の問題です。障害の重い子供にとって、「各教科とは何か」を捉え直す必要があるでしょう。

（3）各教科の指導をする教師の不安

　筑波大学附属桐が丘特別支援学校では、障害の重い子供の各教科の指導の実情を把握するため、令和2年10月に質問紙調査を行いました。全国の247の肢体不自由特別支援学校に調査用紙を送り、小学部、中学部、高等部で知的障害を伴う肢体不自由児の教科指導を担当している教師各1名に回答を依頼しました。その結果、調査に回答した246名

の教師が困難に感じていることをまとめたものが表2です。

　この調査では、各教科の時間を設定することから、実態把握、目標や内容設定、教材教具の用意、観点別評価等、各教科の指導の過程に即して「とても困っている」「困っている」「困っていない」「全く困っていない」のいずれに該当するか聞きました。

　その結果、「児童生徒に必要な各教科の設定」に困っている教師は4割程度でしたが、そのほかの質問には6割を超える教師が困っていると回答しました。特に、困難さを感じている教師の割合が高いのは、「3観点を踏まえて評価規準や評価基準を設定すること」75.1％、「指導後に観点別評価を行うこと」71.1％、「各教科の専門知識を身に付けること」66.8％、「教科の年間指導計画や単元計画を作成すること」61.3％、「学習における児童生徒の実態を的確に把握すること」60.9％でした。

　各教科の指導について、対象の実態を把握し、指導の計画から評価を行う各段階で困難さを感じている教師の状況が浮き彫りになりました。

表2　知的障害を伴う重複障害児の各教科の指導で
「とても困っている」「困っている」と回答した教師

(％)

3観点を踏まえて評価規準・評価基準を設定すること	75.1
指導後に観点別評価を実施すること	71.1
各教科等に関する専門知識を身に付けること	66.8
教科の年間指導計画や単元計画を作成すること	61.3
教科学習における児童生徒の実態を的確に把握すること	60.9
障害に関する専門知識を身に付けること	58.1
教科の個別の指導計画の目標を設定すること	55.7
単元に合わせた教材教具を用意すること	55.7
児童生徒一人一人の実態に応じた目標設定を行うこと	55.3
十分な教科指導の時間を設けること	51.8
障害特性に応じた手立て・配慮を行うこと	51.4
児童生徒に必要な各教科等を設定できないこと	39.1

※令和2年10月「知的障害を伴う肢体不自由児の各教科の指導の実態と困難さに関する調査」（筑波大学附属桐が丘特別支援学校）より

　障害の重い子供の教育の現状として、教育行政から各教科の取扱いに心配があることが指摘され、各教科を指導する教師には授業づくりの各段階に不安があることを見てきました。次に、各教科の授業づくりを検討する前段階として、障害の重い子供の教育が何を目指し、どのような中身が準備されているのか整理しておくことにしましょう。

1 我が国における教育の目的

教育基本法第 1 条には、教育の目的が次のように定められています。

> 教育は、人格の完成を目指し、平和で民主的な国家及び社会の形成者として必要な資質を備えた心身ともに健康な国民の育成を期して行われなければならない。

我が国の教育で目指すのは、「人格の完成」です。人格の完成を目指すことによって実現を期待する姿は、「平和で民主的な国家及び社会の形成者として必要な資質を備えた心身ともに健康な国民の育成」とされています。この目的は学校教育に限らず、家庭教育や社会教育等を含め、あらゆる機会を通じて行う教育で追求されるものです。この目的は、障害の重い子供の教育にも当てはまるのでしょうか、検討していきましょう。

（１）人格の完成

「人格の完成」とは、どういうことを言うのでしょうか。

政府によって作成された「教育基本法制定の要旨」（昭和 22 年文部省訓令第 4 号）によれば、次のように説明されています。

> 人格の完成とは、個人の価値と尊厳との認識に基き、人間の具えるあらゆる能力を、できる限り、しかも調和的に発展せしめることである。

「個人の価値と尊厳」については、一人一人が価値ある存在とし大切にされることと理解してよいでしょう。次に、「人間が具えるあらゆる能力を、できる限り、しかも調和的に発展せしめる」については、一人一人のもつ力を可能な限り伸ばし、その能力を偏りがなく整った状態で伸ばしていくと言えるでしょう。我が国の学校教育ではこれまで、「知・徳・体」の力をバランスよく伸ばすことが強調されてきました。例えば、文部科学省は「変化の激しいこれからの社会を生きるために、確かな学力、豊かな人間性、健康・体力の知・徳・体をバランスよく育てることが大切です」（文部科学省 2010 年作成、学習指導要領改訂周知のための保護者パンフレット）と言っています。「調和的に発展せしめる」というのは、何か一つの能力に偏ることなく、知・徳・体をバランスよく伸ばしていくということなのです。

　以上のことを踏まえると、我が国の教育は、一人一人が価値ある存在として大切にされるという考えの下に、一人一人のもつ力を可能な限り伸ばし、知・徳・体のバランスのとれた人間として成長させることを目的にしていると言えます。

　このように捉えると、障害の重い子供の教育も「人格の完成」を目指すことに変わりがないことが分かります。障害が重いとはいえ、彼らはこの社会で生き、一人一人が個性と能力をもった存在です。その個性と能力を、あらゆる方向に伸ばし、生きる知恵をもち、心豊かに、そして健やかで元気に生きる力を育てることを、これまでも障害の重い子供の教育では実践してきました。障害の重い子供の教育も、我が国のあらゆる教育がそうであるように、「人格の完成」を目的とするのです。

（2）社会の形成者の育成

　人格の完成については、個の視点からの目的と言えますが、教育基本法に示された目的には、社会の形成者を育成するという視点もあります。それは、「平和で民主的な国家及び社会に必要な資質をもつ心身ともに健康な国民」であると示されています。

　古くから、教育には社会の担い手を育てる役割が求められてきました。社会の形成者としての資質は、時代や地域によって変わります。一昔前は、読み・書き・算盤が重視されていましたが、今日では、国際社会や持続可能な社会の担い手としてコミュニケーション能力や情報活用能力等が不可欠な能力とされています。社会の一員として必要な力を付け、未来の創り手となっていくことが期待されているのです。

　他の人と一緒に社会を形成していくためには、一人一人が社会に必要な役割を担っていかなくてはなりません。人は、家族の一員として生を受け、家庭の中でかけがえのない存在となり、やがて学校や地域で、そして企業や団体の中で多くの役割を引き受けます。国や国際社会で活躍する人もいます。いろいろな役割を引き受け、役割に伴う活動や仕事の中で、自己の力を発揮し、他者と協働しながら、様々な感情を抱き生きていくのです。

　こうした社会の中で、役割を果たしながら生きていくということは、障害の重い子供についても変わるものではありません。家族、学級や学校、将来は仲間や地域の中で、自己を表現し他者とやり取りしながら社会を形成していくのです。社会の形成者として、日々のできごとを理解し、ときには一緒に活動し、活動の成果を分かち合い感情を共有していくのです。よりよい社会の形成者となるために、障害の重い子供も、今日の社会で通用している言葉、科学、芸術などを学んでいかなくてはなりません。障害の重い子供の教育においても、社会の形成者の育成という視点を忘れてはならないのです。

2 障害の重い子供の教育で目指す姿

　障害の重い子供の教育であっても、「人格の完成」や「社会の形成者の育成」といった目的は変わらないと述べましたが、彼らの見せる姿からはイメージしにくいかもしれません。そこで、障害の重い子供の教育で目指す姿を、「人格の完成」は「もてる力を発揮する子供」、「社会の形成者の育成」は「社会に参加しよりよく生きる子供」と表してみました。みなさんの実感とマッチしますか。

（1）もてる力を発揮する子供

　どんなに障害の重い子供であっても、自分がもっている力を発揮して生きています。呼吸が浅くゼーゼーしている姿も、寝返りで移動する姿も、その子供がもてる力を発揮して、環境に精いっぱい立ち向かっている姿であり、生きている事実です。

　子供が力をもち、それが弱いながらも発揮されていることを認めたとき、その力をより上手に発揮したり効果的に発揮したりすることを、教師は導き、あるいは助けることができるでしょう。まだ、眠っていて外には現れていない力もあるかもしれません。そうした潜在している力を呼び起こし、外に向かって発揮されるよう助け、より確実に使える力にしていくことを、どんな子供であってもまずは目指すべきではないでしょうか。

　我が国の教育で目指す、「人間の具えるあらゆる能力を、できる限り、しかも調和的に発展せしめる」という人格の完成を目指す教育を、このように捉えたら無理がないように思います。

かごまで、もう少し
（運動会でもてる力を発揮）

　ただ、ここに一つの問題があります。障害のある子供、しかもその障害の程度が重く重複している場合には、もてる力の発揮に制約が生じます。例えば、呼吸が安定しないため声を出したり食事がうまくとれなかったりする、座ることができないために手をうまく使えない、といったことがあります。したがって、もてる力を発揮できるようにするためには、まず、障害による困難さに対処する必要があります。そこで、学校教育では、「自立活動」の指導を用意して、それを土台として各教科の指導を積み上げるようにしているのです。

（2）社会に参加しよりよく生きる子供

　子供のもてる力は、ただ単に発揮され伸長されればよいのではありません。そこには、方向性があります。親しい人との二人の関係に始まり、家族、学級、学校、地域等の社会に参加し、そこで豊かに生きていけるように育んでいかなければなりません。そのためには、社会とつながることを経験し、そのことに慣れ、しだいに自分から社会に参加できるようにする必要があります。

　日本語をしばしば聞き、繰り返し聞こえる言葉に気付き、ある言葉がある事物を示すことが理解できるようになれば、周りの人と共有できる世界が広がります。物の属性や特性が分かり、しだいに異同弁別ができるようになれば、気付きや驚きなど変化のある生活につながることでしょう。聴覚から入る様々な刺激の中で、音楽と他の刺激の違いが分かるようになれば、様々な情感を味わうとともに他者との交流も広がることでしょう。周りの社会で通用している見方・考え方を身に付けることにより、子供たちは社会に参加し、便利で楽しみがあり、他者との交流のある世界によりよく参加できるようになるのです。

障害の重い子供の教育の内容

第2節では、障害の重い子供の教育も、教育基本法に規定された教育の目的の実現を目指すことに変わりがないことを述べました。また、障害の重い子供の教育で目指す姿を、「もてる力を発揮する子供」「社会に参加しよりよく生きる子供」と表してはどうかと提案しました。第3節では、教育の目的を実現するために、どのような教育内容が用意されているのかを見ていくことにします。

1 特別支援学校の教育内容

（1）教育課程を構成する各教科等

我が国の学校教育では、法令や学習指導要領等の規定に基づいて、各学校で行う教育活動の全体計画である「教育課程」が編成されます。その教育課程を構成する各教科等は、学校教育法施行規則に示されています。

図1は、小学校と特別支援学校小学部の教育内容を比較したものです。小学校では、国語、社会などの各教科、特別の教科である道徳（以下、「道徳科」という）、外国語活動、総合的な学習の時間、そして特別活動により教育内容が構成されています。それに対し、特別支援学校の小学部では、小学校の各教科等と同じもののほかに「自立活動」が追加されています。

この仕組みは、他の学校種でも同様です。つまり、特別支援学校の幼稚部、中学部、高

小学校

各教科 ※	特別の教科である道徳	外国語活動	総合的な学習の時間	特別活動

特別支援学校小学部

各教科 ※	特別の教科である道徳	外国語活動	総合的な学習の時間	特別活動	自立活動

※国語，社会，算数，理科，生活，音楽，図画工作，家庭，体育，外国語

図1　小学校と特別支援学校小学部の教育内容の比較

等部の教育内容も、幼稚園、中学校、高等学校の教育内容に自立活動を加えて構成されます。自立活動は、比較的障害の程度が重い子供が通う特別支援学校に、特別に用意された教育内容と言えます。

（2）自立活動

　自立活動は、比較的障害の重い子供が通う特別支援学校の教育課程を構成する指導領域ですが、今では特別支援学校だけでなく、小学校や中学校の特別支援学級等でも取り入れることとされています。広く障害のある子供のために用意されている教育内容と言えるでしょう。では、なぜ、障害のある子供のために「自立活動」が用意されているのでしょう。

　具体的に考えてみましょう。例えば、手が不自由で文字を書くことができないＡさんがいたとします。Ａさんは、先生が黒板に書いたことをノートに書き写すことができませんし、数字を書いて計算をすることもできません。理科で観察したことをメモにとることも、図画工作で絵を描くこともできません。問題は学習場面だけではありません。メモをとれなければ、翌日の予定や準備物を、全部頭の中に記憶しなければならないことになります。文字を書くことができないということは、学習や生活する上での困難さとして現れます。文字を書くことは、多くの学習や生活の土台（基盤）となることだからです。そこで、文字を書くことができないという、学習や生活上の困難を解決する必要があり、そのために用意されている教育内容が自立活動なのです。

　障害の重い子供の例も上げましょう。Ｂさんは、呼吸が浅く、痰が絡みやすいなど健康面で課題を抱えています。呼吸により十分な酸素を取り込めないためか、目覚めの状態が不安定で日中眠ってしまうこともあります。また、痰が絡んでむせることがあり、感染症にもかかりやすい傾向があります。一方、呼吸状態がよいときには、周囲の人や物に旺盛な関心を見せます。Ｂさんの場合、呼吸状態を改善し、健康面での課題を改善することが、学習や生活を充実させていく上で求められます。そこで、姿勢や運動をはじめとした健康づくりのアプローチが重要になります。医療や家庭とも連携しながらそのアプローチを行っていく自立活動の指導が、学習や生活の土台を築くものとして大切になるのです。

（3）知的障害の子供のための各教科

　特別支援学校の小学部でも小学校と同じ各教科を扱うことになっていますが、知的障害の子供の教育をする場合については、小学校とは異なる教科を扱うことが学校教育法施行規則に定められています。小学校、特別支援学校小学部、特別支援学校小学部で知的障害の子供を教育する場合について、教育課程を構成する各教科等を一覧にしたものが表１です。

　前述したように、小学校と特別支援学校小学部の教育課程を構成する各教科等の違いは、特別支援学校の方に自立活動が加わるだけです。肢体不自由や視覚障害等があり、知的障害のない子供が対象になります。それに対して、知的障害の特別支援学校や肢体不自由等

の特別支援学校で知的障害を併せ有する子供を教育する場合には、「生活、国語、算数、音楽、図画工作、体育」の各教科で教育課程を編成することとされています。小学校等は10教科で、知的障害の場合は6教科となりますが、異なるのは教科数だけではありません。どちらにも「生活」「国語」等同じ名称のものがありますが、それぞれの教科の目標と内容が異なることに留意する必要があります。各教科の目標・内容の違いについては後述しますが、障害の重い子供が学ぶ各教科が、知的障害の子供を対象とした各教科であることを、ここで確認することにしましょう。

　各教科以外の道徳科等については、小学校も特別支援学校小学部も知的障害の子供を教育する場合も目標と内容に違いはありません。ただし、「指導計画の作成と内容の取扱い」として、障害に対する配慮点等が特別支援学校に示されています。また、知的障害の子供について必要がある場合には、外国語活動を加えることができることになっています。

表1　教育課程を構成する各教科等

	各教科	各教科以外
小学校	国語、社会、算数、理科、生活、音楽、図画工作、家庭、体育、外国語	道徳科、外国語活動、総合的な学習の時間、特別活動
特別支援学校小学部	国語、社会、算数、理科、生活、音楽、図画工作、家庭、体育、外国語	道徳科、外国語活動、総合的な学習の時間、特別活動、自立活動
特別支援学校小学部知的障害の児童	<u>生活、国語、算数、音楽、図画工作、体育</u>	道徳科、特別活動、自立活動、（外国語活動）

※小学校は学校教育法施行規則第50条、特別支援学校小学部は同法第126条第1項、特別支援学校小学部知的障害の児童は同法第126条第2項の規定による。下線のある教科と下線のない教科では、同一名称でも目標と内容が異なる。

2 自立活動と各教科の関係

　では、自立活動と各教科は、どのような関係にあるのでしょう。両者の関係を図示したのが図2です。

　小学校や中学校等をはじめ、学校教育で目指すのは第2節で見たように「人格の完成」と「社会の形成者の育成」です。それらの目的達成のために、今日の社会で通用している言葉、科学、芸術等を各教科や道徳科等によって学びます。知・徳・体のバランスのとれた調和的発達を目指しています。今日の状況を踏まえると、知は「確かな学力」、徳は「豊かな人間性」、体は「健康・体力」に相当するものです。

　調和的発達は、障害の有無にかかわらず、全ての子供に目指すものですから、各教科や道徳科等も特別支援学校の子供を含めて全ての子供が学ぶ必要があります。しかし、障害

による困難（例えば、文字を書くことができない）のため、各教科等の学習が十分できなければ、調和的発達を遂げることができません。そこで、各教科等を学んで調和的発達を実現できるよう、その土台をしっかり築くために自立活動を学ぶ必要があるのです。この土台を築くことを、学習指導要領では「調和的発達の基盤を培う」と言っています。

　どんなに障害の重い子供であっても、調和的発達が求められます。我が国に生まれ、この社会で生きていく子供には、この国の人々が思いを伝え合う言葉や豊かな生活のための様々な知識、自然や人間との触れ合いで生まれる豊かな感情、そうした文化を享受し他の人との交流を支える体を育む必要があるのです。こうした内容は、障害の重い子供であっても国語、音楽、体育などの各教科や道徳科等で扱っていきます。自立活動は、これらの学習が十分できるよう、安定した体調、よく働く目や耳、活動を支える姿勢、人に向かう関心など、各教科等を学ぶ基盤を築いていくのです。障害の重い子供であっても、自立活動で土台を築き、その上に社会とつながる各教科等を積み上げていくという原則は変わらないのです。

（教育の目的）　**人格の完成　　社会の形成者の育成**

もてる力を発揮する子供　　　社会に参加し
　　　　　　　　　　　　　　よりよく生きる子供

※
各教科等＝調和的発達

すべての子供に共通の視点
学びの段階が異なる

自立活動＝調和的発達の基盤

障害による学習上の困難：個の視点
学びの中身が異なる

※小学部では、各教科、道徳科、外国語活動、総合的な学習の時間、特別活動

図2　各教科と自立活動の関係

各教科等の学びの土台を
築く指導

1 自立活動の目標・内容等

（1）自立活動の目標

　学習指導要領には、自立活動の目標が次のとおり掲げられています。

> 　個々の児童又は生徒が自立を目指し、障害による学習上又は生活上の困難を主体的に改善・克服するために必要な知識、技能、態度及び習慣を養い、もって心身の調和的発達の基盤を培う。
>
> （特別支援学校小学部・中学部学習指導要領第7章第1）

　まず、「個々の児童又は生徒が自立を目指し」と書かれています。ここでの「自立」は、「自己の力を可能な限り発揮し、よりよく生きていこうとすること」であると学習指導要領解説自立活動編に示されています。障害の重い子供が、もてる力を発揮し、よりよい状態を目指すことと捉えてよいでしょう。

　次に、「障害による学習上又は生活上の困難を主体的に改善・克服するために必要な知識、技能、態度及び習慣を養い」と示されています。自立活動の指導の対象は、障害により生ずる学習や生活上の困難であり、子供は、その困難を改善・克服するための知識・技能を学び、それらの知識・技能を活用する態度や習慣を身に付けるのです。

　そして、「心身の調和的発達の基盤を培」います。調和的発達は、既に述べたとおり小学校等全ての学校教育を通して追求するものであり、障害のある子供もそれを追求することに変わりがありません。しかしながら、小学校等で学ぶ子供と異なるのは、障害による学習や生活上の困難があり、各教科等を効果的に学ぶことが難しい点です。

　手が不自由で文字を書くことができないとか、呼吸が浅く学習に向かうことができないといったことです。そうした困難を改善・克服するために、筆記具や機器の使い方、深い呼吸の仕方（知識・技能）を学び、学んだことを自ら行うようになる（態度や習慣）ことで、各教科等を効果的に学べるようにする必要があります。調和的発達に必要な各教科等を学ぶ土台を作ることを、「調和的発達の基盤を培う」と言っているのです。

（2）自立活動の内容

　目標を達成するために、どのようなことを学ぶのかを示しているのが「内容」です。

学習指導要領には、自立活動の「内容」が、6区分 27 項目示されています。「健康の保持」「心理的な安定」「人間関係の形成」「環境の把握」「身体の動き」及び「コミュニケーション」の六つの区分があり、六つの区分の下にそれぞれ 3 〜 5 項目が置かれています。例えば、「健康の保持」の区分には、「ア　生活のリズムや生活習慣の形成に関すること」「イ　病気の状態の理解と生活管理に関すること」「ウ　身体各部の状態の理解と養護に関すること」「エ　障害の特性の理解と生活環境の調整に関すること」「オ　健康状態の維持・改善に関すること」の 5 項目があります。

6区分 27 項目は、「人間としての基本的な行動を遂行するために必要な要素」と、「障害による学習上又は生活上の困難を改善・克服するために必要な要素」で構成されています。人間として基本的な行動を遂行するためには、睡眠・覚醒、呼吸、体温調整、栄養摂取、排泄、情動の発現、情動の調整、他者への信頼、自己の理解、見る、聞く、注意する、姿勢の維持、姿勢の変換、移動、言葉の理解、言葉の表出など様々なことが必要になります。

他方、障害による学習上又は生活上の困難を改善・克服するためには、もてる力を上手に発揮できるようにする（例えば呼吸する力や食べる力の向上）、代わりの方法を使えるようにする（例えば支援機器の活用）、苦手な状況を少しずつ経験して対応力を高める（例えば音に対する刺激に慣れる）など様々な方策が考えられます。これまでの自立活動の指導経験が分類・整理されて 6 区分 27 項目にまとめられているのです。

（3）自立活動の指導の場

障害のある子供にとって、各教科等を学ぶための土台を作る自立活動は極めて大切な指導ですから、自立活動のために特別に設定された時間はもとより、学校の教育活動全体を通じて指導することとされています。

自立活動の時間は、国語の時間、算数の時間のように時間割の中に位置付けられた指導の場です。この時間が自立活動の指導の「要」になります。

また、国語や算数等の各教科の指導を行うに当たっては、自立活動の指導と密接な関連を図って行うことが大切です。そもそも、自立活動では、障害による学習や生活上の困難の改善を目指しています。困難さは国語や算数等の学習場面で生じているのです。ですから、自立活動の指導と各教科の指導で密接な関連を図ることは、当然のことと言えます。

自立活動の指導は、自立活動の時間を要とし、各教科等とも関連して行いますが、それら以外の機会にも求められます。障害による困難は、学習や生活の様々な場面で生じます。「自分の意思を伝えられない」という困難は、休み時間にも教室移動の際にも起こります。むしろ、生活の自然な流れの中で、子供が何かを欲したり気付いたりしたときこそ意思を伝える術がないと困ることでしょう。したがって、自立活動の時間に学んだ意思を伝える方法は、休み時間などでも使えるように指導を計画しなければならず、学校の教育活動全体を通じて指導を展開しなければならないのです。

2 自立活動で各教科の土台を築くために

　自立活動の指導は、一人一人に用意されなければなりません。指導の中身は、各教科のように決まっていないのです。障害による困難は一人一人異なるので、指導も一人一人について計画されなければなりません。そのために個別の指導計画を作成することになります。個別の指導計画を作成して指導するまでの過程を、図1に示しました。

（1）指導すべき課題の明確化

　自立活動は、一人一人の障害による困難を改善する指導です。障害による困難を改善するために、「指導すべき課題」を明らかにする必要があります。障害による困難は個々で異なりますから、指導すべき課題も個別に設定されることになります。

　では、どのようにして「指導すべき課題」を導くのでしょうか。指導すべき課題は、障害による困難の原因や背景を整理することによって導かれます。障害による困難に関連して収集された情報を、原因・結果の関係や対立する関係等から整理しながら指導すべき課題を明確にしていきます。前述したBさんは、「呼吸が浅い」ことによって目覚めが悪い、痰が出せない、体調を崩しやすいといった困難がありました。呼吸が浅いことが直接の要因ですが、では、呼吸の浅さはどこから生じているのでしょうか。呼吸に関係する、様々な筋や器官がなぜ十分働かないのか。日頃の生活の様子を観察し、姿勢や運動、水分や栄養摂取の状況などの情報を集め、整理していかなければなりません。

　情報を整理した結果、Bさんの場合には、寝た姿勢が多いことから呼吸が浅くなっていることが分かりました。姿勢を改善し、深い呼吸ができるようになれば、様々な困難さを改善することができると考えられました。そこで、「呼吸する力の向上を図る」「いろいろな姿勢をとれるようにする」ことを指導すべき課題としました。

（2）指導目標と指導内容の設定

　次に求められるのは、指導目標と指導内容の設定です。指導すべき課題の達成に向けて短期の目標を積み上げ、長期の目標の実現を図るようにします。Bさんの呼吸する力について言えば、1学期は鼻呼吸に慣れる、2学期からは、教師の援助で腹式呼吸をするとし、1年後の目標としては、鼻呼吸や腹式呼吸などができるようになる、といった設定が考えられることでしょう。姿勢については、1学期は腹ばい、2学期は床に座る、3学期は椅子座位に慣れ、1年後にはいろいろな姿勢をとれるようになるといった段階的な設定ができそうです。

　指導目標を達成するために、指導する中身が指導内容となります。学習指導要領に示された内容は大括りで示されていますので、具体的な指導内容例が書かれている学習指導要領解説自立活動編などを参考にして、児童生徒が興味・関心をもち主体的に取り組めるような中身を工夫していきます。

Bさんの場合、1学期の目標は「鼻呼吸に慣れる」「腹ばいに慣れる」です。Bさんは、担任の教師に信頼を寄せ、担任の教師の援助なら安心して受け入れることができます。そこで、1学期の指導内容としては、「担任の教師の援助により、口を閉じて呼吸したり、器具を使った腹ばいをしたりする」としました。口を閉じると鼻呼吸をせざるを得ませんが、少し息苦しさや束縛感を感じることもあるでしょう。信頼する担任の援助を受けて行うことにより、リラックスして取り組むことができるでしょう。床の上での腹ばいに比べ、おなかの下にマット等を置くと、腹ばいはしやすくなりますので、難易度も調整しやすいことでしょう。

（3）指導の場の明確化

指導内容が決まったら、その指導をどの時間に行うのか明確にします。特設された自立活動の時間に行うのか、各教科等の時間にも行うのか、その他休み時間等にはどのような指導を行うのか、明らかにしていくことが大切です。Bさんの場合、教師がBさんの体の動きを援助しながら呼吸を促す指導は、1対1で取り組むことができる自立活動の時間に行うことがよいでしょうし、姿勢に慣れるような指導は各教科でも休み時間等でも可能でしょう。障害による困難は、1日の多くの時間で生じます。自立活動の時間を要としながらも、学校教育活動全体を通じて行うことによって指導の効果を期待できるのです。

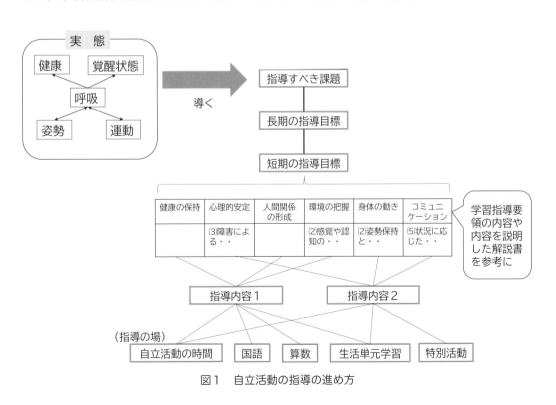

図1　自立活動の指導の進め方

社会参加を促進する各教科の指導

　学校には、子供のもてる力を伸ばすとともに、彼らを社会の形成者として育成する教育が求められます。社会の一員となるためには、社会で通用していることを身に付けていくことが大切です。今日の社会で使われている言葉や知識・技能、多様な見方・考え方等を学ぶ場が、各教科の授業です。各教科でそのようなことを学んでいくことは、障害の重い子供の社会参加を促進していくことになります。

　第5節では、障害の重い子供の社会参加のために用意されている各教科の中身とその取扱いについて述べることにします。

1 知的障害の子供のための各教科

　知的障害の子供が学ぶ教科として、小学校や中学校等とは異なる各教科が用意されていることは既に述べました。国語や算数といった教科の名称は同じでも、目標や内容等が異なります。各教科で目指す資質・能力を身に付け、社会に参加していくという方向性は同じですが、知的障害の子供の特性に合った目標や内容となっています。

（1）知的障害について

　では、まず、知的障害とは、どんな状態を指すのか確かめましょう。文部科学省の『障害のある子供の教育支援の手引』（2022 年，ジアース教育新社）には、次のように示されています。

　知的障害とは、一般に、同年齢の子供と比べて、「認知や言語などにかかわる知的機能」の発達に遅れが認められ、「他人との意思の交換、日常生活や社会生活、安全、仕事、余暇利用などについての適応能力」も不十分であり、特別な支援や配慮が必要な状態とされている。また、その状態は、環境的・社会的条件で変わり得る可能性があると言われている。

　知的障害のない子供は、言葉による意思のやり取りや身辺の処理などが一通りできるようになって小学校に就学しますが、知的障害の子供は言葉の理解や表出が難しく、身辺の処理をはじめ日常生活の様々な面で支援が必要な状態で就学することになります。このため、小学校と同様の各教科の学習をすることが難しく、発達の段階に応じた教育をするために独自に各教科が用意されているのです。

（2）各部の教科と段階による目標・内容構成

　知的障害の子供のための各教科の小学部から高等部までの目標及び内容の構成は、以下のとおりです。

❶　各教科の構成

　小学部は、生活、国語、算数、音楽、図画工作、体育の6教科です。小学校にある、社会、理科、家庭、外国語がありません。

　中学部は、国語、社会、数学、理科、音楽、美術、保健体育、職業・家庭の8教科です。小学部で設定されていた生活がなくなり、社会、理科が加わります。職業・家庭は、中学校の技術・家庭に相当しますが、職業生活に関する内容などが含まれます。また、必要がある場合には外国語科を加えることができます。

　高等部の各学科に共通する各教科は、国語、社会、数学、理科、音楽、美術、保健体育、職業、家庭の9教科です。外国語と情報を必要に応じて設けることができます。また、主として専門学科において開設される各教科として、家政、農業、工業、流通・サービス、福祉があります。そのほか学校設定教科を設けることができます。高等学校の場合には、各教科に属する科目がありますが、知的障害の子供のための教科に科目はありません。

❷　段階による目標・内容構成

　知的障害の子供のための各教科の大きな特徴は、目標や内容が段階によって示されていることです。小学部3段階、中学部2段階、高等部2段階で示されています。小学校や中学校の各教科は、学年によって示されているものが少なくありませんが、知的障害の児童生徒の場合、同じ生活年齢でも同じ目標や内容で学ぶことができないため、発達の程度に応じた指導ができるよう、段階によって示されているのです。

　小学部1段階から高等部2段階まで、基礎的なことからしだいに発展的なものへと配列されています。各段階の対象と内容設定のねらいを表1に一覧にしました（本書は、障害の重い子供を対象としますので、高等部段階の内容は省略します）。

　小学部1段階は、知的障害の程度が比較的重い児童に対する内容です。「主として教師の直接的な援助を受けながら、児童が体験し、事物に気付き注意を向けたり、関心や興味をもったりすることや、基本的な行動の一つ一つを着実に身に付けたりすることをねらいとする内容」が用意されています。小学部の3段階では「主として児童が自ら場面や順序などの様子に気付いたり、主体的に活動に取り組んだりしながら、社会生活につながる行動を身に付けることをねらいとする内容」へと発展します。中学部の2段階では「主として生徒が自ら主体的に活動に取り組み、目的に応じて選択したり、処理したりするなど工夫し、将来の職業生活を見据えた力を身に付けられるようにしていくことをねらいとする内容」と、卒業後の生活の基礎を身に付ける内容を学びます。高等部では、さらに社会生活や職業生活に必要なことが用意されています。

表1 　知的障害の子供のための各教科の段階の対象と内容のねらい

部	教科	段階	対象等	内容設定の主なねらい
中学部	国語、社会、数学、理科、音楽、美術、保健体育、職業・家庭	2	日常生活や社会生活及び将来の職業生活の基礎を育てることをねらいとする者	生徒が自ら主体的に活動に取り組み、目的に応じて選択したり、処理したりするなど工夫し、将来の職業生活を見据えた力を身に付けられるようにする
		1	生活年齢に応じながら、主として経験の積み重ねを重視する者 他人との意思の疎通や日常生活への適応に困難が大きい者	生徒が自ら主体的に活動に取り組み、経験したことを活用したり、順番を考えたりして、日常生活や社会生活の基礎を育てる
小学部	生活、国語、算数、音楽、図画工作、体育	3	他人との意思の疎通や日常生活を営む際に困難さが見られ、適宜援助が必要な者	児童が自ら場面や順序などの様子に気付いたり、主体的に活動に取り組んだりしながら、社会生活につながる行動を身に付ける
		2	他人との意思の疎通に困難があり、日常生活を営むのに頻繁に援助が必要な者	教師からの言葉掛けによる援助を受けながら、教師が示した動作や動きを模倣したりするなどして、目的をもった遊びや行動をとったり、児童が基本的な行動を身に付ける
		1	知的障害の程度は、比較的重く、他人との意思の疎通に困難があり、日常生活を営むのにほぼ常時援助が必要な者	教師の直接的な援助を受けながら、児童が体験し、事物に気付き注意を向けたり、関心や興味をもったりすることや、基本的な行動の一つ一つを着実に身に付けたりする

「特別支援学校学習指導要領解説各教科等編（小学部・中学部）」（平成 30 年 3 月）より筆者作成

（3）各教科の学び方

　では、こうした段階ごとに示された各教科の学習は、どのように進めるのでしょうか。学習指導要領には次のように示されています。

> ・・・各教科の指導に当たっては、各教科の段階に示す内容を基に、児童又は生徒の知的障害の状態や経験等に応じて、具体的に指導内容を設定するものとする。その際、小学部は 6 年間、中学部は 3 年間を見通して計画的に指導するものとする。
>
> 　　　　　　　　　　　　　　　　　　　　　　　（第 1 章総則第 3 節の 3 の（1）のク）

❶　一人一人の指導内容の設定

　まず、一人一人の知的障害の状態や経験等に応じて、具体的に指導内容を設定することが求められています。各教科をどの段階から学ぶことができるかは、一人一人違います。ですから、子供の知的障害の状態やこれまでの学習状況等を踏まえて、どの段階から学ぶかを決めることになります。小学部 1 段階の教師の援助を受けながら体験を通して事物に気付く段階なのか、小学部 3 段階の自ら場面や順序などの様子に気付く段階なのか見極め

る必要があります。どういう段階の内容を学ぶのか教師がしっかりと押さえることが重要です。

　その上で、「具体的な指導内容を設定するものとする」と示されています。おおよその指導の段階を押さえた上で、児童生徒が知っていることやできること、興味・関心のあること、認知や行動面の特性等を考慮して、実際に指導する内容を決めていくことになります。指導内容を設定する際には、実際の生活場面に即して繰り返して学習することなどが必要とされる知的障害の特性を考慮する必要があります。

❷　各教科の広がりと系統性を踏まえる

　各教科の内容は、いくつかの領域について、基礎的なものから発展的なものへと配列されています。各教科の内容には「広がり」と「系統性」があると言ってよいでしょう。障害の重い子供が、社会とつながるいろいろな接点をもてるようにするためにも、各教科の広がりや系統を生かして指導を組み立てる必要があります。

　しかしながら、障害の重い子供の興味・関心を喚起することは容易なことではありません。いったん興味・関心をもった学習を長期にわたって行うことも考えられます。小学校や中学校のように、教科書の進み具合に伴って指導内容を次々と変えるようなことは難しいでしょう。そこで、小学部 6 年間、中学部 3 年間といった長期の見通しをもって、各教科の広がりや系統を生かした指導をしていくことが期待されるのです。

（4）各教科等を合わせた指導

　知的障害や重複障害のある子供の教育においては、各教科、道徳科、自立活動等を合わせて授業を行うことができ（学校教育法施行規則第 130 条第 2 項の規定）、これを「各教科等を合わせた指導」と呼んでいます。この各教科等を合わせた指導の代表的なものとして、日常生活の指導、遊びの指導、生活単元学習、作業学習があります。

　例えば、生活単元学習「運動会」では、生活科の「日課・予定」「人とのかかわり」「役割」、国語の「聞くこと・話すこと」、算数の「数と計算」、音楽の「表現」、体育の「走・跳の運動」など様々な教科の内容を合わせて取り扱うことが考えられます。運動会の 2 番目のプログラムで学級の子供 3 人が徒競走を行う、応援係で運動会の歌を歌うといった学習活動にこれらの内容は含まれることになります。

　知的障害の子供は、学んだことを活用することが苦手であり、実際の生活場面を通して学ぶことが有効とされています。そのため、日常生活の流れに即して学ぶ「日常生活の指導」や生活課題に即して一連のことを学ぶ「生活単元学習」等の各教科等を合わせた指導が、学校現場では大いに取り入れられています。

　しかしながら、たくさんの活動を行い、様々な経験を積んでも、その中で何を学んでいるのかが不明確であるとの指摘があります。冒頭で紹介したように、解説総則編においても「教師が教育の内容と指導の形態（「日常生活の指導」や「生活単元学習」等は「指導

の形態」と呼ばれることがある：筆者注）とを混同し、結果として学習活動が優先され、各教科等の内容への意識が不十分な状態」になることが危惧されているほどです。

　そうならないために、教師が各教科のどのような内容を合わせるのかしっかり押さえるとともに、子供が各教科の何段階を学ぶのか、子供に必要な指導内容は何かを押さえておくことが重要なのです。

2　提案！　各教科の単元開発と活用

（1）求められる各教科の指導事例

　障害の重い子供は、各教科の学習を行う上での困難が大きく、指導を行う教師も不安を抱えています。各教科の目標や内容は決まっていても、具体的な指導目標や指導内容は一人一人について、教師が決めなければなりません。指導に関する情報や資料も十分提供されている状況ではありません。

　指導に当たる教師を支援するために必要とされるのは、各教科のまとまった指導事例ではないでしょうか。子供の学習や生活の変容を期待して、ある程度まとまりをもった学習活動として計画され、実践され、評価・改善された事例が求められていると考えます。確かに、子供の実態が異なりますので、ほかで役立ったものもそのままは使えません。それでも不安を抱える教師が指導を考える際の参考となることでしょう。

（2）育てたい力を付ける単元開発

　各教科の指導事例が求められていると述べましたが、子供の変容に焦点を当てたものや教材の使い方などではありません。求められるのは「各教科の単元開発」の事例です。

　単元は、一定の教育目的を実現するために行われる学習活動のまとまりです。子供の実態があり、その子供たちに育てたい力があり、その力を付けるために構想され、準備され、実施され、評価を経て改善される実践例（単元開発例）です。

　単元の開発と実践は、珍しいものではありません。あらゆる学校種で日常的に行われています。知的障害の特別支援学校では、生活単元学習として、生活上の課題で単元が計画され実践されています。そして、これらの指導で実施された単元は、いろいろな形で切り出されて提供され、現場の教師に活用されています。

　障害の重い子供の教科指導においても、ある子供たちを対象にして開発された魅力的な単元がたくさん提供されるようになってほしいと思います。ただし、障害の重い子供の実態は極めて多様ですので、なぜそのような単元開発に至ったのか、子供の実態や育てたい力、必要とされる学習活動など「単元構想」の過程に焦点を当てた指導事例が期待されるのです。

（3）魅力的な「単元開発と活用」を全国ネットワークで

　障害の重い子供の各教科の指導には難しさがあり、不安を抱える教師がたくさんいます。一方、各教科の指導は社会参加を促進するものです。ぜひ、各教科の指導を充実させ、よりよい社会参加を実現したいものです。そのために、開発され実践された魅力的な単元を交流し、お互いに参考にしたいものです。

　筑波大学附属桐が丘特別支援学校に在籍する障害の重い子供は、小学部と中学部を合わせても 30 名程度であり、教師は 20 名程度にすぎません。障害の重い子供が学ぶ各地の大規模な特別支援学校とは、比べようもありません。したがって、第 3 章で提案する「単元開発例」も全ての教科や段階を網羅できていません。

　全国で、障害の重い子供を担当する教師は 1 万 5 千人を超えます。全国ネットワークで、単元開発例を蓄積・活用できたら大変有益なものとなることでしょう。

　障害の重い子供たちの社会参加を促進するために、ぜひ、各教科の単元開発を交換・交流していきましょう。

（下山　直人）

【引用・参考文献】

梶田叡一（1983）『教育評価』有斐閣双書
中央教育審議会（2016）幼稚園、小学校、中学校、高等学校及び特別支援学校の学習指導要領等の改善及び必要な方策等について（答申）
奈須正裕（2017）『資質・能力と学びのメカニズム』東洋館出版社
文部科学省（2017）特別支援学校幼稚部教育要領、小学部・中学部学習指導要領
文部科学省（2018）特別支援学校教育要領・学習指導要領解説　総則編、各教科等編、自立活動編
文部科学省（2022）『障害のある子供の教育支援の手引』ジアース教育新社
安彦忠彦（2009）「学校教育における「教科」の本質と役割」日本学校教育学会編『学校教育研究』24 巻.　教育開発研究所

第 **2** 章

障害の重い子供の各教科の授業づくり

授業づくりの前に
押さえておきたいこと

1 今の教育に求められていること

　平成 30 年 3 月に示された特別支援学校学習指導要領解説総則編の中の「重複障害者等に関する教育課程の取扱い」には、次のようなことが記されています。

> ・重複障害者である児童生徒は、自立活動を主とした教育課程で学ぶことを前提とするなど、最初から既存の教育課程の枠組みに児童生徒を当てはめて考えることは避けなければならない。
> ・指導を担う教師が教育の内容と指導の形態とを混同し、結果として学習活動が優先され、各教科等の内容への意識が不十分な状態にならないようにしなければならない。
> ・各教科等の目標及び内容を取り扱わなかったり、替えたりすることについては、その後の児童生徒の学習の在り方を大きく左右するため、慎重に検討をすすめなければならない。

　学習指導要領の改訂（平成 29 年 4 月）を受けて、障害の重い子供にも教科の授業をしなければ、と動き出した学校や教師も多いことでしょう。しかし、なぜ障害の重い子供に各教科の指導が必要なのでしょうか。それは、前章に述べられているように、教育の目的が「人格の完成」と「社会の形成者の育成」であるからです。そのことは、昭和 22 年に制定された教育基本法に明示され、平成 18 年に教育基本法が改正された後も受け継がれているように、戦後の日本の教育で大事にされてきた理念です。しかしながら、上記のように各教科の取扱いが適切でないと指摘されている現状を、重く受け止める必要があるでしょう。

　また、我が国が平成 26 年に批准した「障害者の権利に関する条約」では、「インクルーシブ教育システム」の理念が提唱されました。そして、その理念を実現するために、平成 24 年 7 月に「共生社会の形成に向けたインクルーシブ教育システム構築のための特別支援教育の推進（報告）」が取りまとめられました。そこでは、障害のある者とない者とが同じ場で共に学ぶことだけでなく、個別の教育的ニーズに応える指導を提供できる多様で柔軟な仕組みを整備することが重要であるとされています。つまり、今の教育には、小・中学校の通常の学級や特別支援学級、特別支援学校といった多様な学びの場の中で、どこを選択したとしても、連続性のある学びが確保されることが求められているのです。そう

いった学校教育をめぐる動向からも、全ての子供に対して各教科の授業をしっかり行う必要があります。

2　授業の目的は何か

授業づくりの前に、もう一つ押さえておきたいことがあります。それは授業の目的です。授業をつくるとなると、その方法や手順といった、いわゆる「how to」が知りたくなるものです。しかし、肝心の幹の部分を押さえていないと、どんなに枝葉の部分について準備しても、ピントのずれた授業になってしまいます。ですから、そもそも授業は何のためにあるのか、どういう場であるべきかについて確認しておくことは、とても大事なことです。

では、授業の目的とは何なのでしょうか。認知心理学者の佐伯胖氏は、その著書『考えることの教育』（1990 年，国土社）の中で、次のように述べています。

> わたしたちの心の奥には、「授業の名人」にあこがれる気持がないわけではないだろう。どんな難しい教材でも、その人の手になると、どんな子どもにもみごとにわからせてしまう、というような名人になりたいと日夜研鑽にはげんでおられるにちがいない。従来の授業研究はすべてこのような「わからせ術研究」であったといってもよいであろう。しかし、授業の目的は、ほんとうに「わからせること」にすべて集約されるものなのだろうか。わたしたちはどんな観客でも必ず笑わせてしまう落語の名人か、むりやりにでも爆笑させる漫才師と同じように、教室で子どもたちの前で「芸人」のように授業を演じ、子どもにわからせてしまおうとしているものなのだろうか。教師が教壇で熱演し、生徒は座席でそれを鑑賞し、その結果、子どもたちは「わかった」気になって感動する、というので果してよいのだろうか。
>
> 「学ぶ側」からの授業研究の立場からすると、授業というものは、あくまで学ぶいとなみの場でなければならないということである。
>
> そのような観点から言えば、あまりにもみごとな授業で、生徒があっけにとられている間にわからせてしまうのでは何にもならないであろう。子どもがそんなみごとなわかり方は、自分ではとうていできそうもない、と感じたならば、元も子もないではないか。
>
> わたしたちはまず子どもたちが、自分でわかろうとすることを触発しなければならない。「世の中はわからぬことばかりだ。あれも不思議だ。このこともわからない。しかし、いっしょうけんめい考えれば、このわたしにだって、必ずわかることがありうる。」——この実感を失わせてはならない。

この本は 1990 年に出されたものですので、時代の流れや変化とともに授業研究のあり方も変わってきたところがあるかもしれません。また、障害の重い子供に対して、そもそも「教師が教壇から熱演し」て「わからせる」ような授業をすること自体が考えられない

ということもあるでしょう。しかし、ここで述べられている「授業というものは、あくまで学ぶいとなみの場でなければならない」という点や、授業を行うことによって「子どもたちが、自分でわかろうとすることを触発しなければならない」という点は、今にも通じる大事な示唆を与えてくれているように思います。つまり授業とは、子供が学ぶ場、子供が自分で分かろうとすることを触発する場でなければならないのです。

写真1　学ぶ場としての授業
「この芋の大きさはどうかな？」（自分たちで芋の大きさを見比べ、小さい芋を集めている）

　このことは、発達の段階や障害の有無やその程度にかかわらず、共通して言えることだと思います。小学生であろうが、中学生であろうが、高校生であろうが、また障害が軽度であっても重度であっても、全ての子供にとって、授業とは本来そのような場でなければならないはずです。しかし、中学生や高校生ともなると、仮に「教師が教壇で熱演し」ているような授業であったとしても、「生徒は座席でそれを鑑賞し、その結果、子どもたちは「わかった」気になって感動」したように演じてくれている、つまり授業が、生徒が教師に合わせてくれていることで成り立っている場合があるかもしれません。また、障害の重い子供に対しては、自分で分かろうとしているのか、自分で分かったことを実感しているのかがその反応から読み取りづらく、ややもすると教師の勝手な解釈で子供が「わかった」ことにして授業を進めている場合があるかもしれません。ですから教師は、目の前の授業が、本当に子供が学ぶ場になっているだろうか、子供が自分で分かろうとすることを触発する場になっているだろうかということを、今一度よく吟味しなければならないでしょう。

　これらのことを前提として、障害の重い子供の各教科の授業づくりについて考えていきましょう。

第 2 節　育成を目指す資質・能力とは

　授業づくりの手始めとして、まずは子供たちにどのような資質・能力を育むことを目指すのかについて確認しておきましょう。平成 28 年 12 月 21 日に示された中央教育審議会答申では、子供たちが予測困難な社会の変化に主体的に関わり、感性を豊かに働かせながら、どのような未来を創っていくのか、どのように社会や人生をよりよいものにしていくのかという目的を自ら考え、自らの可能性を発揮し、よりよい社会と幸福な人生の創り手となる力を身に付けられるようにすることが重要だと述べられています。そしてそのために、これまでの学校教育でも育成を目指してきた「生きる力」をより具体化したものとして、教育課程全体を通して育成を目指す資質・能力の三つの柱が次のように整理されました。

ア　「何を理解しているか、何ができるか（生きて働く「知識・技能」の習得）」
イ　「理解していること・できることをどう使うか（未知の状況にも対応できる「思考力・判断力・表現力等」の育成）」
ウ　「どのように社会・世界と関わり、よりよい人生を送るか（学びを人生や社会に生かそうとする「学びに向かう力・人間性等」の涵養）」

　では、この三つの柱について、特別支援学校学習指導要領解説総則編に書かれていることを基に、一つずつ確認していきましょう。

1 　生きて働く「知識・技能」の習得

---

①　知識及び技能が習得されるようにすること
　資質・能力の育成は、児童生徒が「何を理解しているか、何ができるか」に関わる知識及び技能の質や量に支えられており、知識や技能なしに、思考や判断、表現等を深めることや、社会や世界と自己との多様な関わり方を見いだしていくことは難しい。一方で、社会や世界との関わりの中で学ぶことへの興味を高めたり、思考や判断、表現等を伴う学習活動を行ったりすることなしに、児童生徒が新たな知識や技能を得ようとしたり、知識や技能を確かなものとして習得したりしていくことも難しい。こうした「知識及び技能」と他の二つの柱との相互の関係を見通しながら、発達の段階に応じて、児童生徒が基礎的・基本的な知識及び技能を確実に習得できるようにしていくことが重要である。

知識については、児童生徒が学習の過程を通して個別の知識を学びながら、そうした新たな知識が既得の知識及び技能と関連付けられ、各教科等で扱う主要な概念を深く理解し、他の学習や生活の場面でも活用できるような確かな知識として習得されるようにしていくことが重要となる。また、芸術系教科における知識は、一人一人が感性などを働かせて様々なことを感じ取りながら考え、自分なりに理解し、表現したり鑑賞したりする喜びにつながっていくものであることが重要である。教科の特質に応じた学習過程を通して、知識が個別の感じ方や考え方等に応じ、生きて働く概念として習得されることや、新たな学習過程を経験することを通して更新されていくことが重要となる。

（中略）

　技能についても同様に、一定の手順や段階を追っていく過程を通して個別の技能を身に付けながら、そうした新たな技能が既得の技能等と関連付けられ、他の学習や生活の場面でも活用できるように習熟・熟達した技能として習得されるようにしていくことが重要となるため、知識と同様に「主体的・対話的で深い学び」が必要となる。

　この文章を読み解くと、知識及び技能の質や量が資質・能力の育成を支えているため、知識や技能を身に付けることは大事なことだと言えるでしょう。しかし、学ぶことへの興味がない中で、あるいは思考や判断、表現等を伴わない中で、新たな知識や技能を確かなものとして習得することは難しいということなのです。この点については、皆さんにも覚えがあるのではないでしょうか。学生の頃、試験のために頑張って覚えた知識や技能も、日常生活の中で使うことがないとしだいに忘れてしまいます。その一方で、興味や感動をもって覚えたり、その後の生活にも活用したりしている知識や技能は、いつまでも忘れないものです。ですから、知識や技能をただ詰め込むのではなく、学習の過程で学び得た新たな知識や技能が既得の知識や技能と関連付けられ、他の学習や生活の場面でも活用できる、そういう生きて働く知識や技能の習得を目指さなければならないのです。

2 未知の状況にも対応できる「思考力・判断力・表現力等」の育成

② 思考力・判断力・表現力等を育成すること
　児童生徒が「理解していることやできることをどう使うか」に関わる「思考力、判断力、表現力等」は、社会や生活の中で直面するような未知の状況の中でも、その状況と自分との関わりを見つめて具体的に何をなすべきかを整理したり、その過程で既得の知識や技能をどのように活用し、必要となる新しい知識や技能をどのように得ればよいのかを考えたりするなどの力であり、変化が激しく予測困難な時代に向けてますますその重要性は高まっている。

（中略）

　この「知識及び技能を活用して課題を解決する」という過程については、中央教育審議

会答申が指摘するように、大きく分類して次の三つがあると考えられる。
・物事の中から問題を見いだし、その問題を定義し解決の方向性を決定し、解決方法を探
　して計画を立て、結果を予測しながら実行し、振り返って次の問題発見・解決につなげ
　ていく過程
・精査した情報を基に自分の考えを形成し、文章や発話によって表現したり、目的や場面、
　状況等に応じて互いの考えを適切に伝え合い、多様な考えを理解したり、集団としての
　考えを形成したりしていく過程
・思いや考えを基に構想し、意味や価値を創造していく過程

　ここでは、今のように変化が激しく予測困難な時代の中で未知の状況に直面したとして
も、理解していることやできること、つまり獲得した知識や技能をどう使うかを考え、課
題を解決していくことが重要だとしています。これだけ国際化や情報化が進み、変化の激
しい現代においては、この先も社会や生活の中で、これまで予想だにしなかった新たな課
題に多々直面することでしょう。そのときに、身に付けた知識や技能を活用し解決するた
めの思考力や判断力、表現力等の育成が求められているのです。

3　学びを人生や社会に生かそうとする「学びに向かう力・人間性等」の涵養

③　学びに向かう力・人間性等を涵養すること
　児童生徒が「どのように社会や世界と関わり、よりよい人生を送るか」に関わる「学び
に向かう力、人間性等」は、他の二つの柱をどのような方向性で働かせていくかを決定付
ける重要な要素である。児童生徒の情意や態度等に関わるものであることから、他の二つ
の柱以上に、児童生徒や学校、地域の実態を踏まえて指導のねらいを設定していくことが
重要となる。

（中略）

　児童生徒一人一人がよりよい社会や幸福な人生を切り拓いていくためには、主体的に学
習に取り組む態度も含めた学びに向かう力や、自己の感情や行動を統制する力、よりよい
生活や人間関係を自主的に形成する態度等が必要となる。これらは、自分の思考や行動を
客観的に把握し認識する、いわゆる「メタ認知」に関わる能力を含むものである。こうし
た力は、社会や生活の中で児童生徒が様々な困難に直面する可能性を低くしたり、直面し
た困難への対処方法を見いだしたりできるようにすることにつながる重要な力である。ま
た、多様性を尊重する態度や互いのよさを生かして協働する力、持続可能な社会づくりに
向けた態度、リーダーシップやチームワーク、感性、優しさや思いやりなどの人間性等に
関するものも幅広く含まれる。

　身に付けた知識や技能を活用し、考えたり判断したり表現したりして課題を解決するの
は、よりよい社会や世界、よりよい人生にしていくためです。ですから、独りよがりな課

題の解決ではなく、社会や世界との関わりの中でよりよくしていこうとする力や態度が必要になります。そのためには、自分の感情や行動を統制する力や、よりよい人間関係を形成する態度が求められます。そしてその先には、多様性を尊重する社会や、持続可能な社会を実現するために必要な力や態度の育成が目指されているのです。

4 育成を目指す資質・能力の三つの柱を具体的な場面で考える

　ここまで、育成を目指す資質・能力の三つの柱について確認してきました。まとめると、生きて働く知識や技能を習得し、課題を解決するためにそれらをどう使うかを考え、よりよい社会や人生にする、そのための資質・能力を育むことを目指していると言えます。逆に辿ると、よりよい社会や人生にするために、課題をどう解決するかを考える、そしてそのために必要な知識や技能を習得する、そういう資質・能力の育成を目指しているとも捉えられます。

　では、育成を目指す資質・能力の三つの柱の内容や関係性をしっかり理解し、授業づくりにつなげていくために、具体的な場面に置き換えて考えてみましょう。例えば次に挙げる場面では、どのようなことがそれぞれの資質・能力に当たるでしょうか。

【教室の電気（ここでは教室の「照明機器」を指す）を点ける場面で…】

　電気係の子供が教室の電気を点けようとしていました。しかし、その教室のスイッチは少し高いところにあるので、押すことができません。腕を精一杯伸ばしたり、車いすから伸び上がったりして何とか点けようとしますが、届きません。

　そこで、教室内を見回し、何か使える道具はないかと探して、30㎝定規を持ってきました。定規を手に、何度か試した結果、ようやく点けることができました。

　まず、解決したい課題は何かを明確にすると整理しやすくなります。この場面で解決したい課題は、「教室の電気を点ける」ということです。では、それを成し遂げるために必要な知識や技能は何でしょうか。当然、スイッチを押せば電気が点くことを知っていなければなりませんし、実際にスイッチを押すことができなければ電気を点けられません。しかし、そのような知識や技能はあっても、手が届かないため点けることができません。そこで、腕や指先を精一杯伸ばしたら届くかもしれない、あるいは何か道具を使えば点けられるかもしれないと考える力が必要になります。この場合は30㎝定規を使うことにした

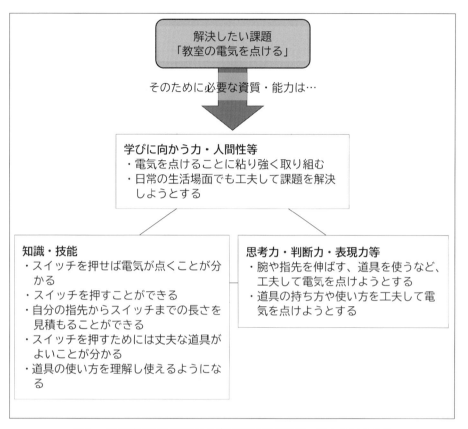

図1　具体的な場面で考えた育成を目指す資質・能力の三つの柱

ようですが、その際も、自分の指先からスイッチまでの長さを見積もる、スイッチを押すことができる丈夫な道具を探すといった、これまでの経験から学び得た知識や技能を活用して考えているはずです。しかし、それでもすぐには点けられず、何度か試す中で、定規のどこを持つとよいだろうか、またスイッチのどこを押すとよいだろうかということをさらに考えることになります。そしてその結果、定規の端を持つとよいことや、スイッチの角を押すとよいことなどを、新たな知識や技能として獲得していくのです。また、電気が点かないとみんなが困るだろうと思い、電気が点くまであきらめず粘り強く様々な方法を工夫してみたり、次に同じようなことがあったときに、今回学んだことを生かしてよりよく解決しようとしたりすることが、学びに向かう力・人間性等に当たると言えます。

　このことを整理してみると、図1のようになります。

　このように、ある解決したい課題について、それを解決するためにはどのような知識や技能が必要なのか、そしてそれらの知識や技能を使ってどのように解決しようとするのか、また、そのことにどのように向き合おうとするのかを思い浮かべ、図2のそれぞれの枠に入れてみてください。それが整理できるようになると、育成を目指す資質・能力の三つの

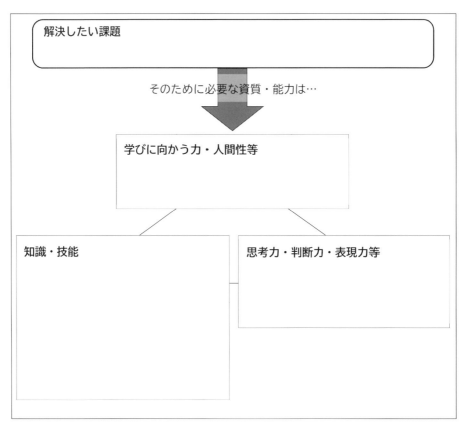

図2　具体的な場面で整理し理解するためのフォーマット

柱についての理解が深まり、授業をつくる際も、指導目標や観点別の評価規準を設定しやすくなります。

5 三つの資質・能力をバランスよく育む

　ちなみに、先ほどの「教室の電気を点ける」の場面でも分かるように、知識・技能、思考力・判断力・表現力等、学びに向かう力・人間性等の三つの資質・能力は、互いに関係しながら育まれていくものです。ですから、どれか一つの資質・能力だけに特化したような授業というのは、今求められている教育にはそぐわないと言えるでしょう。

　例えば、4～5歳くらいの発達段階の子供に対する国語科の授業について考えてみましょう。このくらいの発達段階の子供は、言葉によるコミュニケーションができることも多いので、文を上手に組み立てられるようになることをねらい、絵や単語の書かれたカードを組み合わせて、「何が（は）」「どうした（どんなだ）」という文を作る練習をするような授業をすることがあるのではないでしょうか。確かに言葉を扱い、しかも文法の学習を

しているので、いかにも国語科の授業という感じがします。しかし、そのように習得した知識や技能は、果たして生きて働くものになるでしょうか。また、他の資質・能力は育まれるでしょうか。

　さらに、1～2歳くらいの発達段階の子供に対する国語科の授業についても考えてみましょう。まずは言葉を知ってほしい、覚えてほしいと思い、実物や模型を提示して「これはバナナだよ」というように、物の名前を教えるような授業をすることもあるかもしれません。しかし、そもそも言葉は、どのように獲得されていくものなのでしょうか。例えば、私たちが全く言葉の通じない国に行ったときのことを想像してみてください。その国の言葉を知らなかったとしても、何とか伝えたい、解決したいということがあれば、はじめは方法を工夫してやり取りを試みることでしょう。そういうことを重ねていくうちに、しだいにその国の言葉の意味するものが分かるようになり、もっとやり取りができるようになるために言葉を増やしたりしていくでしょう。ですから、物の名前を教えることに終始するのではなく、やはり資質・能力の三つの柱の内容や関係性を踏まえ、自分が声を出したら相手が反応してくれる、「んぽ」といったら散歩が好きなことが伝わるというように、子供が何かを伝えたい、言葉を使いたいと思うような授業をつくることが大事なのではないでしょうか。

写真1・2・3　言葉への気付きを促す授業

各教科で育成を目指す資質・能力とは

　ここまで、教育課程全体を通して育成を目指す資質・能力の三つの柱について確認してきました。ではそれらが、各教科ではどのように示されているのでしょうか。

1 各教科の目標・内容をどう読むか

　平成29年4月に示された特別支援学校小学部・中学部学習指導要領に示された「知的障害者である児童生徒に対する教育を行う特別支援学校の各教科」の目標や内容を見ていきましょう。

（1）目標

　例えば、算数科の目標は次のようになっています。

　数学的な見方・考え方を働かせ、数学的活動を通して、数学的に考える資質・能力を次のとおり育成することを目指す。
⑴　数量や図形などについての基礎的・基本的な概念や性質などに気付き理解するとともに、日常の事象を数量や図形に注目して処理する技能を身に付けるようにする。
⑵　日常の事象の中から数量や図形を直感的に捉える力、基礎的・基本的な数量や図形の性質などに気付き感じ取る力、数学的な表現を用いて事象を簡潔・明瞭・的確に表したり柔軟に表したりする力を養う。
⑶　数学的活動の楽しさに気付き、関心や興味をもち、学習したことを結び付けてよりよく問題を解決しようとする態度、算数で学んだことを学習や生活に活用しようとする態度を養う。

　この中の⑴では知識及び技能に関する目標、⑵では思考力、判断力、表現力等に関する目標、⑶では学びに向かう力、人間性等に関する目標を示しています。算数科の場合は、数量や図形についての知識や技能を身に付け、日常の事象を数学的な表現を用いて簡潔・明瞭・的確に表したり柔軟に表したりして解決し、算数で学んだことを学習や生活に活用しようとすることを目指しています。

　教科の授業づくりをする際は、まず学習指導要領で各教科の目標を確認することと思いますが、そこからスタートすると、どのようなことを求められているのかよく分からないということがあるかもしれません。しかし、第2節で見てきたように、育成を目指す資質・

能力の三つの柱の内容や関係性を理解していれば、各教科の目標もスムーズに読めるのではないでしょうか。

　(1)で知識及び技能に関する目標、(2)で思考力、判断力、表現力等に関する目標、(3)で学びに向かう力、人間性等に関する目標を示しているのは他の教科も同じです。他の教科の目標を押さえる際も、ぜひ育成を目指す資質・能力の三つの柱の内容や関係性を念頭に置きながら読んでみてください。

（2）各段階の目標

　各教科の目標は、さらに段階ごとに示されています。例えば、音楽科小学部 1 段階は次のようになっています。

> ア　音や音楽に注意を向けて気付くとともに、関心を向け、音楽表現を楽しむために必要な身体表現、器楽、歌唱、音楽づくりにつながる技能を身に付けるようにする。
> イ　音楽的な表現を楽しむことや、音や音楽に気付きながら関心や興味をもって聴くことができるようにする。
> ウ　音や音楽に気付いて、教師と一緒に音楽活動をする楽しさを感じるとともに、音楽経験を生かして生活を楽しいものにしようとする態度を養う。

　ここでも、アは知識及び技能に関する目標、イは思考力、判断力、表現力等に関する目標、ウは学びに向かう力、人間性等に関する目標を示しています。教科の目標よりも具体的に書かれているので、各段階の目標を参考にすると授業をつくりやすいかもしれません。しかしそのときも、これらはどこから導き出されているのかを理解していると、よりよい授業がつくれることと思います。また、対象の子供に見合った段階の目標だけを読むのではなく、その前はどうであったのか、あるいはその先はどうなっていくのかというように、前後の段階の目標も確認しておくと、その教科ではどのような資質・能力の育成を目指しているかが見えてくるようになるでしょう。

　ちなみに、算数・数学科では「数と計算」「図形」「測定」といった領域ごと、理科では「生命」「地球・自然」「物質・エネルギー」という区分ごと、職業・家庭科では「職業分野」「家庭分野」という分野ごとに各段階の目標を示していますが、アが知識及び技能に関する目標、イが思考力、判断力、表現力等に関する目標、ウが学びに向かう力、人間性等に関する目標を示しているということは同じです。領域や区分で分けて表しているのは、各教科の特質によるものだと捉えておけばよいでしょう。

（3）内容

　次に、各教科の内容について見てみましょう。例えば、算数科 1 段階「数と計算」の内容は次のようになっています。

> ア　数えることの基礎に関わる数学的活動を通して、次の事項を身に付けることができる
> 　よう指導する。
> 　(ア)　次のような知識及び技能を身に付けること。
> 　　⑦　ものの有無に気付くこと。
> 　　⑦　目の前のものを、1個、2個、たくさんで表すこと。
> 　　⑦　5までの範囲で数唱をすること。
> 　　⑤　3までの範囲で具体物を取ること。
> 　　⑦　対応させてものを配ること。
> 　　⑦　形や色、位置が変わっても、数は変わらないことについて気付くこと。
> 　(イ)　次のような思考力、判断力、表現力等を身に付けること。
> 　　⑦　数詞とものとの関係に注目し、数のまとまりや数え方に気付き、それらを学習や
> 　　生活で生かすこと。

　算数科の場合は、ここに書かれてあるように、(ア)が知識及び技能に関すること、(イ)が思
考力、判断力、表現力等に関することを示しています。ですから、算数科1段階の「数と
計算」領域では、⑦から⑦に挙げられている知識及び技能を身に付け、数の存在に気付い
たり、ものの数を「いち、に、さん…」と表すことを知ったりすることで、数学的に課題
を解決することにつなげていくことを目指していると捉えることができます。

　もう一つ、音楽科小学部1段階の「表現」領域についても見てみましょう。

> ア　音楽遊びの活動を通して、次の事項を身に付けることができるよう指導する。
> 　(ア)　音や音楽遊びについての知識や技能を得たり生かしたりしながら、音や音楽を聴い
> 　　て、自分なりに表そうとすること。
> 　(イ)　表現する音や音楽に気付くこと。
> 　(ウ)　思いに合った表現をするために必要な次の⑦から⑦までの技能を身に付けること。
> 　　⑦　音や音楽を感じて体を動かす技能
> 　　⑦　音や音楽を感じて楽器の音を出す技能
> 　　⑦　音や音楽を感じて声を出す技能

　音楽科の場合は、(ア)が思考力、判断力、表現力等に関すること、(イ)が知識に関すること、
(ウ)が技能に関することを示しています。ですから、音楽科小学部1段階の「表現」領域で
は、音や音楽に気付き、それを感じて体を動かしたり楽器の音や声を出したりするといっ
た知識や技能を身に付け、音楽的な表現につなげていくことを目指していると読み取るこ
とができます。

　各教科の内容は、(ア)(イ)(ウ)のどれが知識及び技能で、どれが思考力、判断力、表現力等に
対応しているかが教科によって違います。その対応関係については、それぞれ特別支援学
校学習指導要領解説各教科等編の本文に書かれていますので、注意深く読むようにしてく
ださい。また内容には、学びに向かう力、人間性等に関することは示されていません。そ

の理由は、学びに向かう力、人間性等はどのように学びに向き合うかということに関わる資質・能力であり、身に付ける内容として示すことができる性質のものではないからだと考えられます。しかしそれらのことは、育成を目指す資質・能力の三つの柱の内容や関係性に照らして考えていけば、混乱なく理解できると思います。いずれにしても、習得した知識や技能を使って、考えたり表現したりし、よりよい社会や人生にしていくための資質・能力を育むことを目指しているのです。

2 各教科の見方・考え方とは

　ところで、各教科の目標の冒頭には、どの教科も「○○の見方・考え方を働かせ」といった文言が出てきます。資質・能力の三つの柱は教育課程全体を通して育成を目指すのですが、この各教科の見方・考え方を理解すると、それぞれの教科では特にどのようなことに焦点を当てて資質・能力の育成を目指すのかが見えてきます。特別支援学校学習指導要領解説各教科等編にどのように書かれているか、確認してみましょう（表1）。

表1　各教科の見方・考え方

教　科	目標中の文言	解　説
生活科	「生活に関わる見方・考え方を生かし」	身近な人々、社会及び自然を自分との関わりで捉え、よりよい生活に向けて思いや願いを実現しようとすること
国語科	「言葉による見方・考え方を働かせ」	対象と言葉、言葉と言葉の関係を、言葉の意味、働き、使い方等に着目して捉えたり問い直したりして、言葉への自覚を高めること
算数・数学科	「数学的な見方・考え方を働かせ」	事象を数量や図形及びそれらの関係などに着目して捉え、根拠を基に道筋を立てて考え、総合的・発展的に考えること
音楽科	「音楽的な見方・考え方を働かせ」	音楽に対する感性を働かせ、音や音楽を、音楽を形づくっている要素とその働きの視点で捉え、自己のイメージや感情、生活や文化などと関連付けること
図画工作・美術科	「造形的な見方・考え方を働かせ」	感性や想像力を働かせ、対象や事象を、形や色などの造形的な視点で捉え、自分のイメージをもちながら意味や価値をつくりだすこと
体育・保健体育科	「体育や保健の見方・考え方を働かせ」	運動やスポーツを、その価値や特性に着目して、楽しさや喜びとともに体力の向上に果たす役割の視点から捉え、自分の適性等に応じた『する・みる・支える・知る』の多様な関わり方と関連付けること 個人及び社会生活における課題や情報を、健康や安全に関する原則や概念に着目して捉え、疾病等のリスクの軽減や生活の質の向上、健康を支える環境づくりと関連付けること
社会科	「社会的な見方・考え方を働かせ」	社会的事象の意味や意義、特色や相互の関連を考えたり、社会に見られる課題を把握して、その解決に向けて社会への関わり方を選択・判断したりする際の視点や方法（考え方）を用いて、調べ、考え、表現して、理解したり、学んだことを社会生活に生かそうとしたりすること

第2章

障害の重い子供の各教科の授業づくり

理科	「理科の見方・考え方を働かせ」	多様性と共通性の視点、時間的・空間的な視点、質的・実体的な視点や量的・関係的な視点、原因と結果、部分と全体、定性と定量などの視点で自然の事物・現象を捉え、比較、関連付け、条件制御、多面的に考えることなどの考え方で思考し自然の事物・現象に関わること
職業・家庭科	「生活の営みに係る見方・考え方や職業の見方・考え方を働かせ」	家族や家庭、衣食住、消費や環境などに係る事象を、健全で豊かな家庭生活を営む視点で捉え、生涯にわたって自立し共に生きる生活を創造するために、よりよい生活を工夫すること 職業に係る事象を、将来の生き方等の視点で捉え、よりよい職業生活や社会生活を営むための工夫を行うこと
外国語科	「外国語によるコミュニケーションにおける見方・考え方を働かせ」	外国語で表現し伝え合うため、外国語やその背景にある文化を、社会や世界、他者との関わりに着目して捉え、コミュニケーションを行う目的や場面、状況等に応じて、情報を整理しながら考えなどを形成し、再構築すること

　こうして見てみると、各教科の見方としては、国語科であれば言葉の意味、働き、使い方等に着目して、算数・数学科であれば数量や図形及びそれらの関係などに着目して、音楽科であれば音楽を形づくっている要素とその働きの視点で、図画工作・美術科であれば形や色などの造形的な視点で、身の回りの事象を捉えることが大事だということが分かります。また各教科の考え方も、算数・数学科や理科のように、筋道を立てて、あるいは一定の手続きを経て整理して考えることが求められる教科もあれば、音楽科や図画工作・美術科のように、自分のイメージなどと結び付けて捉えたりつくりだしたりすることが求められる教科もあります。つまり、教科によって働かせる見方や考え方が違うということです。

写真1　国語科の授業　「トゲトゲ」「チクチク」

　例えば、空に浮かんでいる雲を見たときに、「ふわふわしているね」といった具合に様子と言葉を結び付けていけば国語的な見方になりますし、雲の種類によって天気が変わることに着目すれば理科的な見方になります。雲の形を見て「ソフトクリームみたいだな」とイメージを膨らませていけば図画工作・美術的な見方になるでしょう。これは学習活動でも言えることで、同じ散歩という活動だったとしても、その最中に聞こえてくる音に着目すれば音楽科の授業になりますし、歩く動きを意識すれば体育科の授業になります。空間の認識をひろげていくことをねらえば、社会科の授業にもなるでしょう。

　教科の授業づくりで大切なことは、目の前の学習活動がどのような資質・能力の育成を目指しているのかを明確に押さえることです。これまで見てきたように、各教科には育成を目指す資質・能力を踏まえた目標や内容があります。また、見方・考え方を知れば、それぞれの教科でどのようなことに焦点を当てるとよいかが分かります。指導の効果を考えて、各教科等を合わせて指導することもあるかと思いますが、その際も、育成を目指す資質・能力が明確に示されている各教科の目標・内容を意識すると、学習活動に対する評価も適切に行えますので、結果として子供の成長につながることでしょう。育成を目指す資質・能力が押さえられておらず、目標も不明確な授業の中で、活動はしていても学びになっていないということがないようにしたいものです。

第4節 観点別学習状況の評価とは

　授業づくりに際して、どのような資質・能力を育むことを目指すのかを押さえたら、次は子供が何をどこまで身に付けているかを把握しましょう。そのときの指標となるのが、観点別学習状況の評価です。各教科において、学習状況を分析的に捉える観点別学習状況の評価は従前より行われてきましたが、平成29年の学習指導要領の改訂を受けて見直されました。改訂では、全ての教科等において、目標や内容が資質・能力の三つの柱に基づいて再整理されましたので、これを受けて、資質・能力の育成を目指し、その目標に準拠した評価を進めるために、評価についても知識・技能、思考・判断・表現、主体的に学習に取り組む態度の3観点に整理されました。資質・能力の三つの柱のうち、学びに向かう力・人間性等については、そこで示された資質・能力には感性や思いやりなど幅広いものが含まれ、これらは観点別学習状況の評価になじむものではないことから、評価の観点としては主体的に学習に取り組む態度として設定されました。各教科における評価の基本構造を示したものが図1になります。

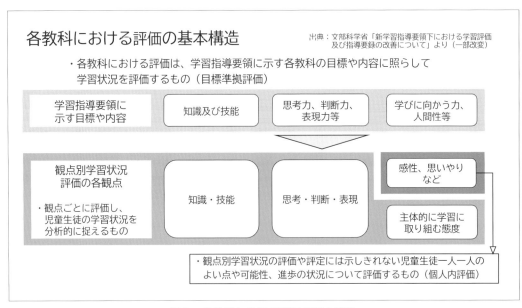

図1　各教科における評価の基本構造

　ですから、育成を目指す資質・能力の三つの柱や各教科の目標・内容を理解していれば、

それに照らして指導前や指導後の学習状況を評価すればよいということになります。また、それらを踏まえて単元や授業の指導目標を設定できれば、それに対応するように評価規準を設定すればよいということになります。あとは、いつ、どのように評価するかといった、評価場面や評価方法について明確にしておくとよいでしょう。

　まず評価場面ですが、3観点のそれぞれをどの場面で評価するのか決めましょう。毎時間3観点全てを評価する必要はありません。単元の始めの方では知識・技能と思考・判断・表現について評価し、単元の終わりの方で主体的に学習に取り組む態度について評価するというように、単元の展開に沿って評価の計画を立てることもあるでしょう。また、この時間は知識・技能を中心に評価し、次の時間は思考・判断・表現について評価するというように、その時間に特に評価する観点を定めて子供をみるといった評価の仕方もあるかもしれません。その辺りを工夫しながら、単元全体を通して3観点全てについて評価できるようにするとよいでしょう。なぜなら、単元という学習の内容や時間のまとまりの中で、三つの資質・能力は互いに関係しながら育まれるものであり、一部の資質・能力だけを育成するような単元というのは想定しにくいからです。

　次に評価方法ですが、特別支援学校学習指導要領解説総則編の「教育課程の実施と学習評価」の中に、次のような記述があります。

> ・学習評価の実施に当たっては、評価結果が評価の対象である児童生徒の資質・能力を適切に反映しているものであるという学習評価の妥当性や信頼性が確保されていることが重要
> ・学習評価は児童生徒の学習状況の把握を通して、指導の改善に生かしていくことが重要

　これを踏まえると、資質・能力に照らして、いかに妥当性や信頼性のある評価ができるかということがポイントになります。特に障害の重い子供の場合は、すぐに目に見えるような変化が現れるとは限りません。ですから、学習の様子を丁寧に記録することが根拠のある評価につながります。しかし、何でもかんでも記録すればよいというわけではなく、評価規準に沿って（これが資質・能力に照らしたものになっているはずです）、教師の思い込みや解釈をできるだけ取り除き、事実を記録していくことが重要です。また、より多面的に評価するために、映像で記録して何度も確かめたり、複数の教師で評価したりするとよいでしょう。

　時々、知識や技能の習得のみに着目した発達診断のチェックリストのような評価表を目にすることがあります。そういったものは、子供の実態を把握するための材料の一つには成り得ると思いますが、学習の評価としては十分とは言えないでしょう。なぜなら、それらはおそらく資質・能力を反映したものになっていないでしょうし、指導の改善に生かせるものにもなりにくいと考えられるからです。目標と指導と評価は、一連の流れの中に位置付くものになっていなければなりません。そして、評価のための評価でなく、子供を伸ばすことにつながるものでなければなりません。

単元づくりに向けて

　育成を目指す資質・能力を押さえ、子供の学習状況を観点別に把握したら、あとはどの段階から学ぶか、どのような指導内容を設定するかを考えます。指導内容は、前章でも触れたように、知的障害の状態や特性、経験、興味・関心などに応じて、具体的に設定するものとされています。そういう指導内容を用意することによって、子供が「自分でできそう」と感じ、確かな学びにつながります。そのことについて、ロシアの心理学者であるヴィゴツキーが考え出した〈発達の最近接領域〉の理論を、柴田義松氏の著書『ヴィゴツキー入門』から引用して紹介します。

> 　他人の助けを借りて子どもがきょうなし得ることは、明日には一人でできるようになる可能性があります。
> 　このことから、最初の知能年齢、つまり子どもが一人で解答する問題によって決定される「現下の発達水準」と、他人との協同のなかで問題を解く場合に到達する水準＝「明日の発達水準」との間の差違が、子どもの〈発達の最近接領域〉を決定する、とヴィゴツキーは主張しました。
>
> （中略）
>
> 　ヴィゴツキーは、そこで協同学習や模倣の教育的意義を考え直す必要があると考えました。
> 　子どもは、協同学習のなかでは、つねに自分一人でするときよりも多くのことをすることができます。周囲の子どもたちの考え方ややり方を見て学び、模倣することで、できないこともできるようになります。子どもは、「自分一人でもできる」ことから「自分一人ではできない」ことへ、模倣をとおして移行するのです。
> 　発達にとっての教授―学習の意義も、まさにこの点にこそあります。模倣は、教育が発達におよぼす影響の実現される主要な形式なのです。
> 　学校における教授―学習は、ほとんどが模倣に基づいて行われています。学校において、子どもは自分が一人ではまだできないこと、しかし教師の協力や指導のもとではできることを学ぶのです。
> 　教育において基本的なことは、まさに子どもが新しいことを学ぶことにあります。「子ども時代の教育は、発達を先回りし、自分の後ろに発達を従える教育のみが正しい」（『思考と言語』302頁）とヴィゴツキーは主張しました。
> 　教育が、発達においてすでに成熟しているものを利用するにすぎないのであったら、それ自身が発達を促進し、新しいものの発生の源泉となることはできません。ですから、教育はつねに「後ろに発達を従えた教育」でなければならないのです。

> 　この意味で、教育学は、子どもの発達の昨日にではなくて、明日に目を向けなければなりません。
> 　ただし、教育は、模倣が可能なところでのみ可能です。小学一年生に微積分を理解させることが不可能なように、模倣によって子どもが無限に何もかもを達成できるわけではありません。その可能性を決定するのが、子どもの〈発達の最近接領域〉です。〈発達の最近接領域〉の範囲にある課題については、協同のなかで達成が可能になるのです。

　ヴィゴツキーは、「子どもは自分が一人ではまだできないこと、しかし教師の協力や指導のもとではできること」を学ぶのが教育であり、「協同学習や模倣の教育的意義を考え直す必要がある」と言っています。つまり、子供自身が教師や友達の真似をすればできそうだ、やってみたいと思うような指導内容や単元を用意することが確かな学びにつながり、意義のある教育になるのです。

　障害の重い子供の各教科の授業をつくる際も、子供が真似をすればできそうだ、やってみたいと思えるような指導内容や単元を用意することが大事です。しかし、障害の重い子供の場合は特に、「〈発達の最近接領域〉の範囲にある課題」がどのあたりなのかを慎重に見極めなければなりませんし、設定された課題を達成するのにじっくり時間をかける必要もあるでしょう。ですから、それらも踏まえて、目指す資質・能力の育成が可能で魅力的な単元の開発が望まれているのです。

　次章以降で、そのことを目指して開発した各教科の単元を紹介していきます。まだまだ研究の途上ですので指導改善の余地はあるかと思いますが、少しでも皆様の参考になれば幸いです。

（石田　周子）

【引用・参考文献】

佐伯胖（1990）『考えることの教育』国土社
柴田義松（2006）『ヴィゴツキー入門』子どもの未来社
文部科学省（2018）特別支援学校学習指導要領解説総則編、各教科等編

第2章　障害の重い子供の各教科の授業づくり

第 3 章

国語科の
授業づくり

第 1 節　国語科で育む力

1　国語科で育む力

（1）国語科の目標

　特別支援学校小学部・中学部学習指導要領の知的障害者である児童に対する教育を行う特別支援学校の各教科に示されている国語科（知的国語科）小学部の目標は次のとおりです。

> 　言葉による見方・考え方を働かせ、言語活動を通して、国語で理解し表現する資質・能力を次のとおり育成することを目指す。
> ⑴　日常生活に必要な国語について、その特質を理解し使うことができるようにする。
> ⑵　日常生活における人との関わりの中で伝え合う力を身に付け、思考力や想像力を養う。
> ⑶　言葉で伝え合うよさを感じるとともに、言語感覚を養い、国語を大切にしてその能力の向上を図る態度を養う。

　国語科は言葉そのものを学習対象とした教科です。障害の重い子供の場合、学習の初期段階では、言葉の気付きや言葉の獲得そのものが学習内容の中心となるでしょう。そして、獲得した言葉を介して外界や、自分自身の感情、思いを捉えたり、それらを言葉によって表現し、身近な人々とやり取りしたりする力を育んでいきます。国語科は、言葉によって、外界の事物や人、社会とつながり、自分の世界を広げ、豊かにしていくことを目指す教科とも言えます。

　小学部の段階では、日常生活に関わる国語、言葉が学習対象の中心ですが、中学部の段階では、社会生活に関わる国語、言葉へと学習対象が広がっていきます。

（2）国語科の学習で見られる難しさ

　こうした国語科の目標を達成するに当たり、障害の重い子供においては、どのような学習上の難しさが表れるのかを、ここでは見ていきます。

　障害の重い子供は、そもそも言葉を獲得すること自体が難しい、ということがあります。言葉には、その表出によって、感じていることや自分の要求を外に向かって伝え、働きかける役割があります。言葉を獲得し、言葉によって、そうした働きかけができるようになれば、周りの人たちがその思いや要求に応えてくれ、子供自身、生活が豊かになっていくことの実感につながるでしょう。

　また、言葉を覚えても、子供が自分のものとして使える語彙が少ないということがあります。知っている言葉が少ない、知っていても間違った理解で言葉を使っていたり、言葉の理解が一面的だったりするなどです。加えて、言葉で表された内容や情報の全体を捉えることが難しく、情報の捉え方が部分的、断片的であるなどの特徴が見られます。例えば、絵本を読んだり、話を聞いたりしていても、ストーリーや話とは関わりのない言葉に注目してしまい、ストーリー自体を楽しんだり、全体の話を理解したりすることができないなどです。

　周りの人たちと言葉の意味やイメージ、内容のおおよそを共有することができれば、お互いの解釈や認識のずれも少なくなり、人との関わりもよりよいものになっていくでしょう。また、言葉による情報のおおよそを理解する力は、生活や社会の中で必要な知識をより正しく得ることや、指示を理解し、物事をより適切に判断したり、選択したりすることにつながっていきます。

2　各段階で目指す子供の具体的な姿

　ここでは障害の重い子供の目標や内容を取り上げますので、知的国語科小学部の各段階について詳しく述べ、中学部以降の姿を簡単に述べることにします。

（1）小学部1段階

　小学部1段階は、身近な人との関わりの中で、言葉が存在することや、言葉によって相手の反応に変化があることに気付き始める段階とされています。この段階にいる子供には、日常生活における身近な人や物の名前、生活で繰り返し行う動作や感情を表す言葉が分かり使えるようにし、言葉による関わりを受け止める力を養うことが求められます。

図1　小学部1段階の初期のイメージ

　そのため、この段階の子供には、言葉のもつ音やリズムに触れたり、言葉の表す事物やイメージに触れたりすることを繰り返す中で、まずは、他の環境音とは異なる何らかの意味をもつ言葉というものの存在に気付くということが大きな目標の一つとなるでしょう（図1）。言葉というものの存在に気付き、そのうえで、話し掛けに耳を傾け、言葉と事物とを一致させていくという学習を充実させていく必要があります。

　そして、絵本を読んでもらったり、写真などの事物

図2　小学部1段階の目指す姿の例

の名前などを読んでもらったりしたときに、音声で模倣したり、その対象に注目したり、指さしで表現したりして、子供が言葉からイメージをもち、言葉による関わりを受け止めていけるような学習につなげていきます。例えば、赤い丸いものを「りんご」という言葉と結び付けて、具体物のりんごから、写真のりんご、絵のりんごへと、さらには切ったりんごも「りんご」として捉えていくなど、「りんご」の概念を広げていき、それらを指さしや音声模倣などで表現できるようにする段階と言えます（図2）。

（2）小学部2段階

　小学部2段階は、身近な人はもちろんのこと、興味・関心のある物事との関わりの中で、言葉で物事や思いなどを意味付けたり表現したりして、他者と言葉でのやり取りができてくる段階です。この段階にいる子供には、身近な大人の簡単な指示の言葉を理解したり、自分が体験したことなどを表現したり、相手に自分の思いを伝えたりする力を養うことが求められます。

　例えば、「りんごをもらった」「りんごはおいしかった」「うれしい気持ちになった」など、目の前の事象の中の「誰がどうした」「何がどうだ」「どう思った」などを言葉で捉え、言葉で表現する力を育みます（図3）。「読むこと」で言えば、絵本を大人と一緒に見て、物語の中で「桃から桃太郎が生まれた」「鬼をやっつけた」などの部分を捉え、登場するものやその動作を思い浮かべて、場面と場面の違いに気付いたり、物語の中の時間の経過を捉えたりしていきます。そうしたことのために

図3　小学部2段階の目指す姿の例

は、物の名前のみならず、動詞や形容詞などいろいろな種類の言葉を聞いたり、話したりして語彙を広げていく必要があります。また、そうした動詞や形容詞などを習得することが、言葉によって気持ちや要求を相手に伝えることができたり、言葉の表す意味と行動とを結び付けることができたりするなど、他者と言葉でやり取りができることにつながっていきます。

（3）小学部3段階

　小学部3段階は、身近な人や興味・関心のある物事との関わりの中で、自分のイメージや思いを、言葉を用いて具体的にしたり、相手に伝わるように表現を工夫したりする段階です。この段階にいる子供には、日常生活を送るうえで必要とされる言葉を理解したり使ったりすることができ、出来事の順序を思い出しながら、経験したことや感じたことを言葉で表したり考えたりする力を養うことが求められます。

　「りんごをもらった」「りんごはおいしかった」「うれしい気持ちになった」など、それ

それの事象をつなげて、「りんごをもらい、そのりんごはおいしかったので、うれしい気持ちになった」などと、言葉によって物事を一つのつながりの中で捉えていきます（図4）。

図4　小学部３段階の目指す姿の例

この段階では、動物や果物の名前を表す語句や、色や形を表す語句などが、それぞれに関係する語句として一つのまとまりを構成しているなど、言葉には「意味による語句のまとまり」があることに気付き、語句と語句同士の意味のつながりを理解して、自分の語彙を豊かにしていくことが求められます。そうして語彙を豊かにしていく中で、例えば、絵本を読みながら、挿絵と結び付けて場面の様子を想像したり、ストーリーの中の出来事と出来事の順序を考えてつなげていったりすることで、話の内容の大体を捉えることができるようにしていきます。「桃が流れてきた」という出来事と「おばあさんが桃を拾った」という出来事とをつなげて、「桃が流れてきて、その桃をおばあさんが拾った」というように、出来事と出来事をつなげて、一つの場面としてその様子をイメージしたり、ストーリーを楽しんだりすることができるようになることを目指します。また、自分が他者に話すときも、相手に分かりやすく伝えるために、出来事と出来事の順序を思い出しながら話すことなどを学習していきます。

（4）次のステップへ

中学部の1・2段階では、言葉による関わりを、身近な人や自分の興味・関心のある事柄から、自分を取り巻く地域や社会へと広げていきます。特定の大人や友達だけでなく、多くの相手と、その相手や目的に合わせて、工夫しながら伝え合おうとしていく段階です。この段階では、出来事や事柄の順序を意識して考えたり、順序に沿って物事を整理したりして、分かりやすい構成や内容などを考え、自分の考えをまとめる力を養うことが求められます。

また、この段階では、同じような意味の言葉や、反対の言葉、「スポーツ」と「サッカー」のような上位語と下位語の関係など、言葉と言葉の関係を理解したり、様子や行動、気持ちや性格を表す語句の量を増やしたりして、多くの人とつながることのできる、より豊かな言語の世界を作っていきます。そうした中で、「いつ、何が、どうした」など時間的な順序や、考えとその理由の関係で情報を整理したり、話したり書いたりすることの構成を考えたり、書かれていることの構成を読み取ったりすることを学習していくのです。

国語科の授業づくりのポイント

1 国語科の観点からの実態把握と育てたい力の明確化

（1）国語科の観点からの実態把握（観点別学習状況評価）

❶ 学習段階の押さえ

　まずは、対象の子供が、知的国語科のどの学習段階にいるのか、おおよその見当をつけましょう。例えば、Ａさんは言葉の発声による音というものが他の環境音とは異なる何らかの意味をもつものだと気付き始めている様子が見られる、Ｂ君は言葉掛けに何らかの反応を示し、言葉による関わりを受け止めようとする様子が見られる、だから、Ａさん、Ｂ君はそれぞれ小学部１段階あたりではないか。Ｃ君は、感情や動作を表す言葉とその意味内容とが一致する言葉が増えてきており、言葉による簡単な指示を理解したり、自分の要求や思い、体験したことを言葉で表現したりする姿が見られているから小学部２段階あたりかな。一方、Ｄさんは、仲間の言葉や反対の言葉など、言葉同士の関係が分かり始めていたり、出来事の順序などを思い浮かべながら話したりする姿が見られるので小学部３段階かな、といった具合です。

写真１　「ヒューン」という言葉とともに動くボールを目で追ったり、手を広げて関わりを受け止めたりしている児童ら（小学部１段階相当）

❷ 観点別評価による捉え

　おおよその学習段階を押さえたら、今度は細かな学習の習得状況を見ていきます。指導計画を立てていくための診断的評価です。評価は観点別に小学部１段階なら１段階、２段階なら２段階の学習指導要領に示された指導事項ごとに行いましょう。指導事項は、「知識及び技能」については「言葉の特徴や使い方に関する事項」「情報の扱い方に関する事項」「我が国の言語文化に関する事項」の事項ごとに、また「思考力、判断力、表現力等」については「聞くこと・話すこと」「書くこと」「読むこと」の領域ごとに示されています。ただし、「学びに向かう力、人間性等」に関わる指導事項は示されておらず、「主体的に学習に取り組む態度」の観点からの評価は、子供が「言葉で伝え合うよさ」を実感しながら、自分からどう言葉に関わり、言葉を用いようとしているか、言葉との向き合い方の具体的な姿で評価していきます。

　一つ一つの指導事項への評価をどのようにしていけばよいのか、小学部 1 段階の評価を例に挙げます。例えば、知識及び技能の「言葉の特徴や使い方に関する事項」の中には、「言葉のもつ音やリズムに触れたり、言葉が表す事物やイメージに触れたりすること」という指導事項があります。「言葉のもつ音やリズムに触れ」るについては、子供自身が、ある言葉のもつ音やリズムを、そのほかの環境音や他の言葉の音、他の言葉のリズムとの違いをどの程度感じながら聞いているかを評価していきます。また「言葉が表す事物やイメージに触れ」るについては、ある言葉とその言葉が表す事物やイメージとをどの程度結び付けられているのか、ということを評価していくのです。

　そして、それがどんな言葉を対象とした評価なのか、どんな相手や状況、場面での評価なのか、ある特定の A 先生との関わりの中でのものなのか、他の B 先生や家の人との関わりの中でのものなのか、国語科の学習場面でのことなのか、生活場面でのことなのか等を丁寧に見ていきましょう。また、ある言葉を聞いて身体の動きを止めて注意を向けている、視線である言葉が指し示す事物に注視している、事物に手を伸ばしている、声を出して反応している等々、どのように言葉のもつ音やリズムに触れたり、言葉が表す事物やイメージに触れたりしているのかについて評価していきます。

（2）年間を通して育てたい力の明確化

　観点別の学習状況の評価を受けて、年間を通して国語科で育てたい力を明確にしていきます。育てたい力の明確化とは、国語科の目標に示されている資質・能力を、その子供の実態に照らして具体化することです。また、国語科で示されている資質・能力である、知識及び技能に当たる「（国語の）特質を理解し使う」力や思考力、判断力、表現力等に当たる「伝え合う力」「思考力」「想像力」、学びに向かう力、人間性等に当たる「言葉で伝え合うよさの実感」「言語感覚」「国語を大切にする態度」などの資質・能力間の関係やつながりを踏まえた上で、どのような資質・能力に重きを置くのかを検討していきます。

　繰り返しになりますが、国語科は言葉を学習対象としています。言葉をどのように用い、どのように受け止めているか、そうした言葉の力は、まわりの人や社会との関わりに影響し、生活や生き方の質につながっていきます。育てたい力を明確にしていく際には、国語科の学習場面だけではなく、他の学習場面や生活の場面にもその力を広げていくことを念頭に考えていきましょう。そのためには、国語科の学習の実態を生活場面での実態とのつながりの中で見ていくことが必要です。

　ここで一つ例を挙げます。日常の生活場面において、E 君は「自分の思いにこだわり、状況や他の人に合わせたり、他の人の考えを受け止めたりすることが難しく、自分の要求が通らないと、怒ったり泣いたりする」児童です。そうした生活場面での実態を、国語科の学習の実態とのつながりで考えてみるとどうでしょうか？

　E 君は、「ちょうちょ」という言葉を理解しており、羽をひらひらさせながら目の前を

飛んでいる小さな生き物を「ちょうちょ」という言葉で表すなど、物と言葉とを一致させることはできています。しかし、「ちょうちょは生き物だけど、虫ではない」と発言するなど、言葉が表す意味内容やイメージの捉えが一面的なところがあります。また、簡単なお話の読み聞かせでは「誰がどうした」など部分的なことは読み取れていますが、物語の筋を理解し、ストーリーを楽しむことができないといった様子が見られます。

　E君を担当していたC先生は、次のように考えました。状況や他の人に合わせたり、他の人の考えを受け止めたりすることが難しいというE君の特徴は、国語科の資質・能力の観点から考えると、言葉の受け止め方が一面的だったり、部分的だったりするために生じてしまうことなのではないか。E君は自分の経験や感じ方のみで物事を捉えたり、イメージしたりしているために、同じ言葉でも相手がイメージしていることと、E君がその言葉から受け取るイメージにずれが生まれてしまい、相手の言うことが受け止められないということにつながっているのではないかと考えたのです。そこで、C先生は、E君に対しては、年間の国語科の学習を通して、「○○は××のこと」というように自分を取り巻く言葉を別の言葉として捉え直したり、「○○というのは、こういうこと？」などのように、仲間の言葉と自分の言葉のイメージとをすり合わせたりしながら、言葉を介した物事の捉え方を広げ、伝え合う力を高めたい、というように考えていきました。そして、そうした「思考力、判断力、表現力等」に当たる「伝え合う力」を育むために、「知識及び技能」に当たる語彙の学習においては、一つ一つの言葉がもつイメージを広げることを目指し、共感しながら相手の言葉を受け止め、また自分の思いも共感をもって受け止めてもらうという経験を繰り返していくことで、「学びに向かう力、人間性等」に当たる「言葉で伝え合うよさ」を実感することにつなげていくといった年間の方針を設定しました。

表1　観点別学習状況の評価（一例）による捉えと年間を通して育てたい力の例（E君の場合）

知的国語科（小学部2段階）指導事項	評価（学習前の実態）	育てたい力（年間目標）
知識及び技能ア(ウ)　身近な人との会話を通して、物の名前や動作など、いろいろな言葉の種類に触れること **思考力、判断力、表現力等Cア**　教師と一緒に絵本などを見て、登場するものや動作などを思い浮かべること **思考力、判断力、表現力等Cイ**　教師と一緒に絵本などを見て、時間の経過などの大体を捉えること	**知識・技能ア(ウ)**　身近な言葉は知っているが、言葉の捉え方が一面的で、イメージが限定的である。 **思考・判断・表現Cア**　お話の読み聞かせでは「誰がどうした」など部分的なことを理解している。 **思考・判断・表現Cイ**　絵本を読んで、物語の筋を理解し、ストーリーを楽しむことができない様子が見られる。 **主体的**　言葉から受け取るイメージが相手と異なり、相手の言葉を受け止められないときがある。	いろいろな言葉において一つ一つの言葉がもつイメージを広げ、言葉を別の言葉として捉え直したり仲間と言葉をすり合わせたりしながら、相手の言葉を受け止める力を育む。

2　単元を構想するポイント

（1）育てたい力を中核とした単元間のつながり

　これはどの教科についても言えることですが、単元（学習活動の一連のまとまり）間のつながりや連続性を意識して、年間での単元を配列していきます。そのつながりや連続性を貫く中心軸となるのが年間を通して育てたい力です。年間を通して育てたい力の育成に向かって、何を学習するとよいのか、学習内容を検討、細分化、スモールステップ化し、それぞれの単元の学習の目標、内容として位置付け、配列していくとよいでしょう。

（2）学習対象とする言葉や用いる言葉・教材の選び方

　その単元の学習の中で、どういった言葉を獲得してほしいのか、どんな言葉をどのように用いてほしいのかといった単元目標を踏まえて、扱う言葉や教材を選んでいきます。

　例えば、小学部 1 段階の学習の単元だとします。どんな言葉を獲得すると、その子供の言葉の世界が広がり、生活に生きる言葉となっていくのか、という視点から考えましょう。

　F 君が反応を示す人やもの、興味・関心をもっている人やものは何でしょうか？　それらに関わる言葉を F 君が獲得できれば、その言葉を通じて、人やものとの関わりが広がり、豊かになっていくのではないでしょうか。そうした視点で、学習対象とする言葉を選んでいくということが考えられます。

　では、音の発する方に視線を向けるものの、まだ言葉の音と環境音との違いを感じていない G さんの場合はどうでしょう？　どうしたら G さんは環境音とは異なる、人が発する言葉の存在に気付けるようになるのでしょうか？　G さんが反応を示す音や、触って感触に興味を示すものがあれば、その音や感触を擬音語・擬態語のように言語化して表して、具体物やその動きなどとともに繰り返し関わるということも考えられるでしょう。

（3）言葉のイメージを具体的にもてる学習活動の設定

　障害のない子供は、日常生活の中で具体物に実際に触れることを通して、言葉と具体物を一致させていったり、また、言葉が実際に使われる場面や状況の中で、その言葉がもつイメージや意味内容などを結び付けたりして、言葉を獲得し、言葉の概念を広げていきます。しかしながら、肢体不自由のある子供にはそうした経験が不足していたり、有用な経験につながっていなかったりすることがあります。知的国語科の単元の中では、意図的に、具体物に触れ触覚や嗅覚、視覚、聴覚などで事物を捉えたり、実際に体を動かし体感したりしながら、言葉と事物、言葉とその言葉のもつイメージや意味内容を結び付けていけるような学習活動を設定するとよいでしょう。

【参考文献】
筑波大学附属桐が丘特別支援学校研究紀要第 55 巻

言葉の存在への気付きを
明確にすることを目指した実践

1 子供の実態

（1）日常生活における言葉の活用状況

　対象は、中学部第 1 学年の生徒 1 名（以下、A さん）です。A さんは、教師が目の前で話しかけると、身体の動きを止めて耳を傾ける様子があり、特に、擬音語や擬態語などの短い繰り返しの言葉が聞こえてくると、声を出して笑うことが多いです。しかし、日常的に身体を揺らしてその揺れに没頭していることが多く、日常生活の中で、周りの様子や使われている言葉へ意識を向けにくい様子もあります。また、目で見て物や周りの様子を捉えることが苦手で、言葉が表す事物や絵本の絵に気付いて注目することはあまりありません。表現手段は、表情を変える、手を伸ばす、身体を揺らすなどの身体の動きが中心です。A さんの表出に対して、その前後の状況を基に教師が意味付けをして返すことでやり取りをしています。

　このような様子から、国語科では、身近な人との関わりを通して、言葉が存在することや言葉によって相手の反応に変化があることに気付き、言葉を用いて身近な人と伝え合う力を養うことを目指す、小学部 1 段階の目標・内容を扱う段階であると捉えました。

（2）観点別評価

　A さんの国語科の学習状況を表 1 のように観点別に捉えました。

　表 1 のような様子から、A さんは何らかの意味をもつ言葉というものの存在に気付き始め、耳を傾けて聞こうとしたり、発声で応えようとしたりしているものの、言葉の存在への気付きはまだ明確ではなく、周りの状況や自身の心身の状態によって言葉への注目の度合いが変わってしまう学習状況にあると捉えました。また、言葉とそれが表す事物とを結び付けて教師からの言葉による関わりの内容を理解することは難しいと捉えました。

表1　Aさんの観点別学習状況

知識・技能	思考・判断・表現	主体的に学習に取り組む態度
・教師の言葉掛けに身体の動きを止めて聞いたり、笑顔を見せたりする。 ・床を叩く、身体を揺らすなどの身体の動きで教師を呼ぶ。 ・「あー」「ふーん」「あぱぱ」など、複数の発声がある。 ・絵本の挿絵に注目する様子は見られない。	・一人でいるときに「ぱぱぱ」などと声を出していることがある。教師の言葉掛けに応えたり模倣したりするように声を出すこともある。 ・Aさんの発声を教師が模倣すると、再びAさんも発声で返す。	・日常生活や絵本の読み聞かせの際に、身体を激しく揺らして集中がそれることが多く、言葉や言葉が表す事物に注意を向け続けることが難しい。 ・表情や身体の動きによる表現が多いが、教師の言葉掛けに応えるように発声することもある。

そこで、Aさんには、国語科の指導でたくさんの言葉に触れる中で、言葉の響きやリズムなどの面白さを感じたり、自分の思い描いていることを他者と共有できるという言葉のもつよさを実感したりすることで、言葉の存在をより明確にし、他者からの言葉による関わりを受け止めたり、自分の要求や思いを他者に伝えるために言葉を使ったりすることができるようになってほしいと考えました。

写真1　音の鳴る玩具で遊ぶAさん

2　単元の開発

（1）単元の構想

言葉の存在を明確にし、言葉による関わりを受け止めたり、自ら言葉を使おうとしたりするためには、まずは、言葉がもつ響きやリズムの面白さを感じ、言葉そのものへの関心を高めることで、授業内や日常生活の中で言葉に対するアンテナを立て、「ん？　何か聞こえたぞ」と自分の周りで使われている言葉に対して自ら捉えていこうとする力を付ける必要があると考えました。そうすることで、「あ、また同じ言葉が聞こえてきた」「この言葉が聞こえると、あの面白い遊びができるぞ」などと同じ場面で繰り返し使われる言葉や、言葉が物や状況などと結び付いていることに気付くことにつながり、言葉によって事物や気持ちを表すことができることに気付いていくのではないかと考えました。

そこで、「視覚情報を捉えることが苦手」「短い繰り返しの音に笑顔を見せる」などの、Aさんの全般的な実態や興味・関心などを踏まえて「言葉の響きやリズムを楽しもう」という単元を設定しました。本単元では感触を表す言葉を取り扱った、自作の紙芝居「Aさんのさんぽ」の読み聞かせを行うことにしました。感触を表す言葉として、「ちくちく」「ふわふわ」「ぐにゅぐにゅ」の三つを選定し、Aさんが散歩をする中でいろいろなものを発見していくという物語にしました。

表2に、教材選定の際に考慮した点を示します。

表2　教材選定の際の考慮点

言葉	・言葉が表すものを実際に手で触れて感じとれること ・言葉の音の違いが分かりやすいこと ・言葉が表すもの自体の違いが分かりやすいこと
物語の題材や展開	・Aさんにとって身近なものであること（これまでたくさん経験し、今後も経験すると予想されるものであること） ・Aさん自身を登場人物とすること ・五つ程度の場面で構成すること

　三つの感触を表す言葉を示す際は、それぞれの言葉が示す感触の具体物（栗の模型、うさぎのぬいぐるみ、スライムのような感触のボール）を用い、実際に触って感触を味わいながら言葉と結び付けていけるようにしました（写真2）。また、教師が紙芝居を読む速さや抑揚は、具体物を触るAさんの動きに合わせることで、体験と言葉とが結び付きやすいようにしました。さらに、Aさんが紙芝居や具体物に注目する様子や、表情の変化、発声などが見られた際は、共感的な言葉をかけるとともに、再度言葉と具体物を提示し、Aさんが、自分が表現することで教師が応えてくれる、ということを感じられるようにしました。

写真2　使用した具体物

（2）指導計画

❶　単元の目標と評価

単元「言葉の響きやリズムを楽しもう」の指導目標は次のとおりです。

> 　言葉の響きやリズムの面白さを感じたり、言葉と感触とを結び付けて捉えたりすることができるようにする。また、教師の言葉を模倣するなどして言葉を使おうとするとともに、言葉で表現したことが教師に伝わったことを実感できるようにする。

評価規準は表3のとおりです。

表3　単元の評価規準

知識・技能	思考・判断・表現	主体的に学習に取り組む態度
①言葉に気付き、注意を向けて聞いている。 ②感触によって用いる言葉が違うことに気付いている。	③言葉の音やリズムの違い、感触と言葉との結び付きに気付いている。	④落ち着いて読み聞かせを聞いたり、具体物に触れたりしている。 ⑤教師に向けて言葉を使おうとしている。

❷　指導計画

　紙芝居「Aさんのさんぽ」の読み聞かせを聞き、感触を表す言葉とその感触を味わう活動を全9時間の設定で行いました。Aさんの学習状況を踏まえ、教師との密接な関わりの

中でＡさんの表情や発声などに対して教師が即座に応えることで、言葉のもつよさの実感や言葉の存在の明確化につながると考え、授業形態は教師と１対１の個別授業としました。

3 単元の展開

（1）指導の経過

　１、２時間目、Ａさんは教師が読み聞かせを始めるとすぐに身体を大きく揺らし、興奮している様子でした。紙芝居に対しても、言葉が表す絵や具体物を見たり触れたりすることはなく、紙芝居の台紙を指先で掻くように触れたり、力強く叩いたりしていました。このような様子から、一度に受け取る情報の量が多いために処理しきれず、興奮して言葉に注目できていないと考えました。そこで、教材の提示方法を言葉（聴覚）→紙芝居の絵（視覚）→具体物（視覚＋触覚）→具体物＋言葉（視覚＋触覚＋聴覚）の順に少しずつ提示するようにし、一つ一つの情報をしっかりと受け止められるようにしました。

写真３　自ら指を動かすＡさん

　すると、読み聞かせに対し、身体の動きを止めて耳を傾ける様子が見られ始めました。具体物に触れるＡさんの動きに合わせて言葉に抑揚を付けて読むと、声を出して笑うこともあり、特に「ちくちく」には笑顔や発声が多くみられるようになりました。また、紙芝居を提示すると、台紙ではなく具体物に手を伸ばし、自ら指を動かして触るようにもなりました（写真３）。このような様子から、言葉に抑揚を付けることで、より言葉に注目できるのではないかと考え、感触を表す言葉によって抑揚の付け方に変化を付け、抑揚の違いを手掛かりに、言葉の音・リズムの違いや感触により用いられる言葉の違いに気付けるようにしました。

　すると、７時間目には、教師が「ちくちく」と言った直後に「べんべん」と同じリズムの発声があり、教師の言葉をまねするようになりました。また、感触を表す言葉を聞いたり、具体物に触ったりして笑顔や発声をみせる際には教師の方に顔を向けるようになりました（写真４）。紙芝居を見せたり読んだりしたときに、身体を揺らすことは単元の終盤までありましたが、７時間目頃からは、笑顔で身体を揺らした後にすぐに落ち着いて教師の顔を見たり、具体物に手を伸ばしたりするようになり、単元の始めの頃のように興奮して身体を揺らしているのではなく、次の展開を予測して期待している様子に見えました。

写真４　教師の方へ顔を向けて発声するＡさん

4 単元を終えて

（1）結果と考察

　本単元を通して、Aさんは、身体の動きを止め、言葉に耳を傾けるとともに、教師の顔を見ながら発声したり言葉を模倣したりするなど、自らも言葉を使おうとする様子が見られるようになりました。また、日常生活でも、教師が手を差し出しながら「ちょうだい」と言うと持っているものを教師の手に置く、離れたところにいる教師に発声で関わるなどの姿が見られるようになりました。これらは、日常生活の中でよく耳にする言葉を事物と結び付け、言葉を

写真5　発声（言葉）で教師に働きかけるAさん

受け止めてそれに応えたり、自ら言葉を使おうとしたりする姿であり、国語科の学習で培った力を日常生活の中で発揮している姿だと考えます。

　Aさんが上記のような姿を示すようになったことには、Aさんが耳を傾けたいと思う言葉を教材として選定したこと、また、指導の手立てとして、言葉そのものをしっかりと受け止められるように提示の順番を工夫したことの二つが重要だったと思います。そうした教材の選定や指導の手立てを工夫するに当たっては、3観点で国語科の学習状況を捉えることや日常生活でのAさんの言葉への興味・関心などの押さえが基になっていました。言葉そのものの響きやリズムの面白さを感じて、言葉への興味・関心を高めることで、言葉が何かを表していることへの気付きになったり、自らも言葉を使ってみようとする態度へつながったりするのではないかと考えます。

（2）反省と改善・発展

　本単元では、言葉と感触とを結び付けて捉えることに関しては、十分に達成できたと評価することはできませんでした。この点については、評価規準の達成の度合いを判断する評価基準の設定が曖昧で、指導の工夫や評価場面の設定が不十分だったと考えました。そこで、「べりべり」などの身体の動きを表す言葉を取り扱った次単元では、面ファスナー付きの帯のように言葉が表す動きに即した操作が必要となる教材を用意し、言葉を聞いてその言葉に合った操作を行うことで、言葉と動きとを結び付けていると評価することにしました。実際の授業では、言葉を聞いてその言葉に合った操作を行う様子が見られ、言葉と動きとを結び付けていると評価することができました。

　Aさんのように発達が初期の子供に対する国語科の指導では、音やリズムに面白味を感じて耳を傾けたくなる言葉や言葉を使って他者に伝えたいと思える事物や活動を取り扱うことが有効だと考えます。また、教師とのやり取りの中で、子供の小さな表現を見逃さずに受け止めて応え、子供自身が「伝わった」と感じられることが重要であると考えます。

小学部1段階	単元名 ▶「"ぼうし"の中から」

思いを人に伝えようとする力を育むことを
目指した言葉遊びの実践

1 子供の実態

（1）日常生活における言葉の活用状況

　対象は小学部第5学年の児童3名（A、B、C）、第4学年の児童1名（D）です。A さんは、日常的に繰り返される話しかけに言葉や声、手の動きで応じています。Bさんは、場面は限定されますが、快・不快や要求を声や動作、表情などで伝えています。Cさんは、難聴のため視覚からの情報を頼りに、いろいろな声を出しています。要求は教師へ近付き、道具に触れたり行動で示したりすることで伝えようとします。Dさんは、視力の弱さがあるため聴覚からの情報を頼りに、音や声がする方へ手を伸ばし自分から関わります。喃語様の発声がいろいろあり、傍にいる大人と応答的なやり取りを続けることができます。

　AさんとBさん、Cさん、Dさん3名の間には、言葉を理解したり、思いを伝えたりする力に差はありますが、4名ともに身近な教師や友達との関わり合いの中で、自分が表現すると相手の反応に変化があることに気付き始めています。

　このような実態を踏まえ4名は、日常生活における身近な人や物の名前、生活で繰り返し使う動作や感情を表す言葉に気付き、身近な人からの話しかけに応じて声や簡単な話し言葉、身振りなどで表現することを目指す、小学部1段階の目標・内容を扱う段階と捉えました。

（2）観点別評価

　生活場面や学習場面での言語理解や表現の様子を基に、国語科の学習状況を観点別に捉えました。4名のうちAさんとDさんについて表1に示します。

表1　観点別学習状況

	知識・技能	思考・判断・表現	主体的に学習に取り組む態度
A	二者択一の質問に対し、目線や手の動きで選択したり、「オ〜」と声を出したりする。	呼名に声で応えたり要求を言葉（「おんぶぅ」：おんぶ）で伝えたりする。言葉を聞いて、「（と）んぼ」と真似て言ったりする。	絵本の読み聞かせでは、簡単なストーリーの展開を予測して笑ったり、ページをめくろうとしたりする。
D	絵本の読み聞かせなどではじっと動きを止めて聞いたり、笑顔になったりする。	「て」の音声を、高さや、リズム、長さなどを変化させて応答的なやり取りをする。	音や声を手掛かりに気になるものや人に近付き、触れて確かめる。

2 単元の開発

（1）単元の構想

❶ 日常生活場面で目指す姿

　観点別学習状況から、教材に注目しながら語りかけを聞く中で、音や様子を表す言葉に気付き、体全体で動きを感じる活動を通して、生じてきた思いを自分なりに表現（声、手の動き、視線など）する力を伸ばしてほしいと考えました。そこで目指す姿は、オノマトペ（擬声語・擬音語・擬態語の総称）を手掛かりに、身近な言葉のもつ音やリズムなどを感じながら聞くことを通して、自分なりの思いを人に伝えようとするとしました。

❷ 単元のアイディア（着想）

　4名の児童は、学習の場面で友達の声を聞いたり動きを見たりすることで笑ったり声を出したりする様子が見られます。遊びの場面では、音の出る玩具を友達と取り合う、教師と一緒にボールを転がす、小さい段ボール箱を太鼓のように交互に鳴らすなどの姿が見られました。そこで、見る、聞く、一緒に操作するなどの活動の中で、分かりやすい言葉を繰り返し使うことで、身近な事物と言葉との結び付きを明確にし、それぞれの表現を引き出すことができるのではないかと考えました。その際に、児童同士の関わり合いや他の学習と結び付きをつくることも大切にしたいと考えました。

❸ 教材の選定

　いくつかの絵本の中から、『こやぎが めえめえ』（田島征三作・絵，2010 年，福音館書店）を選びました。少し前に実施した校外学習でヤギに触れた体験とも重ね合わせて、ヤギのイメージを膨らませることを通して、目指す姿に迫ることができるのではないかと考えたからです。ヤギが鳴いたり、動いたりする様子がオノマトペで表現されていることや、絵が単純な色と線で描かれていることも児童にふさわしいと考えました。併せて、絵本に出てくる言葉に合わせて、蝶（布製）を追いかける、跳ねる、転ぶなどの動きを体験することもでき、ヤギの動きを追体験しながら言葉を繰り返し聞く展開ができると考えました。

　もう一つの教材として、生活の中で興味をもっているボールを取り上げることにしました。その理由は、ボールそのものの動きが興味を引き分かりやすいことがあります。また、人と人の間をボールが転がり行き来したり、皆で一緒にボールを弾ませたりする動きに言葉を重ねることで、言葉を可視化する対象として使うことができると考えたからです。これら二つの教材を使っ

写真1　帽子に注目する様子

た活動をつなぎ、一連の学習にするために、歌「ぼうしぼうし」（増田裕子作詞・作曲）を使い、帽子の中から使う教材を取り出すことで活動を始める展開を繰り返すようにしました。

❹　指導の手立て

　いろいろな感覚を使いながら言葉の理解を図るため、教材を工夫することにしました。ヤギをイメージするために、毛並みを想起させるマフラーやひざ掛けを作成しました。絵本『こやぎが　めえめえ』は、20cm×19cmの大きさなので、4人を対象とした読み聞かせには小さいと考え、A3サイズに拡大したものを台紙に貼り、紙芝居のようにして提示するようにしました。転がしたり弾ませたりするボールは、フェルトで制作し、手触りがよく、掴みやすい大きさ（直径16〜20cm）と柔らかさにし、それぞれの児童の特性に合わせて黒白で注目しやすいようにしたり、鈴を入れて音を手掛かりに気付くことができるようにしたりしました。

　指導場面では、注意を向けてほしい言葉がはっきりするように、話す言葉を限定して使うようにしました。その一方で、言葉を柔軟に変化させ、それぞれの表現に合わせて対応することも心掛けました。また、児童の表現は小さなものも含めて、傍にいる教師が受け止めたり全体に伝えたりすることで、表現すると伝わることや、伝えると自分の周りに変化が起きることを感じることができるように支援しました。そのために教師は、活動の中で見られた表現について、一人一人の描いているイメージを推察しながら伝え合うようにしました。さらに、いろいろな場面で教師との関わりを軸にしながらも、友達と一緒に活動していることをお互いに感じ合えるように配慮しました。

（2）指導計画

❶　単元の目標と評価

　単元の目標は、「言葉による関わり合いを受け止めたり、人との関わりの中で伝え合ったりする力を育み、表現することやそのよさを感じられるようにする」としました。評価規準は、AさんとB、C、Dさん3名に分けて設定しました。評価規準は表2のとおりです。

表2　単元の評価規準

	知識・技能	思考・判断・表現	主体的に学習に取り組む態度
A	動きと言葉を結び付けている。	教師や友達へ呼びかけたり、声や手の動きで要求を表現したりする。	（伝わるまで）ねばり強く声を出し伝えようとする。
B C D	言葉による働きかけに気付き、言葉が事物を表していることを感じる。	教師からの働きかけに表情、声、手の動きで応える。	要求などを伝え、伝わった満足感を味わう。

❷　指導計画

　全7時間を表3のように計画しました。

表3 指導計画

時	学習活動	内容* 知識及び技能	内容* 思考力、判断力、表現力等
1	・帽子から毛皮に似せたマフラーなどを取り出し、触れる ・絵本『こやぎが めえめえ』の読み聞かせを聞く		
2	・『こやぎが めえめえ』（紙芝居）の読み聞かせを聞く ・「○○さ～ん」と呼ばれる声に合わせ、少し離れたところからボールが近付いてくるのを受け止める（本活動を"声のキャッチボール"と呼ぶ）	イ(イ) イ(イ) ア(ア) ア(イ) イ(イ)	
3	・『こやぎが めえめえ』（紙芝居）の読み聞かせを聞く ・転がってくるボールを受け止める ・ボールを毛布に乗せ、皆で揺らしたり弾ませたりする		A ア A イ A ウ
4	・声のキャッチボール ・ボールを受け止めたり転がしたりする（本活動を"ボール転がし遊び"と呼ぶ） ・ハンモックにボールを乗せ、「弾むよポ～ン」と言いながら揺らす	ア(ア) ア(イ)	
5	・『こやぎが めえめえ』（紙芝居）の読み聞かせを聞く ・声のキャッチボール ・ボール転がし遊び ・ボールをハンモックに乗せ、皆で揺らして弾ませる	イ(イ)	
6 7	・「ひらひら」という言葉を聞きながら、蝶を見たり触れたりする ・「ぴょん」「すってん」に合わせて、転がったり起きたりする ・ボール転がし遊び ・ボールをハンモックに乗せ、皆で揺らして弾ませる	ア(ア) ア(イ)	

＊知的国語科の内容に示される指導事項の記号を表記。思考力、判断力、表現力等のAは「聞くこと・話すこと」。

3 単元の展開

　教材や教師からの働きかけを児童がどのように受け止めるか、どのような表現をするかなどを確かめながら指導を進めました。絵本『こやぎが めえめえ』の読み聞かせでは、「めぇめぇ」とヤギの鳴き声をまねて言ったり、「ひらひら」と布製の蝶を動かしたり、「ぴょん」「すってん」に合わせて児童の体を動かしたりして、言葉のもつイメージが体感できるようにしていきました。次に、重点を置く言葉を「ひらひら」と「ぴょん」「すってん」に絞りました。「ひらひら」では言葉への気付きを促すために、まず「ひらひら」と言うことで話し手に注目するのを待ってから蝶を見せ、「ひらひら」と言う速さに合わせて動きを変化させました。「ぴょん」「すってん」では、跳ねる、転ぶ、鳴くの3場面の紙芝居を並べてみることができるようにし、ヤギの動きを分かりやすくしました。「ぴょん」「すってん」

写真2 「ひらひら」

の言葉に合わせて、教師と一緒に転んだり起き上がったりを繰り返すと、友達の様子を見て笑う姿が見られるようになりました。

　ボールを使った活動では、どの児童もボールが近付くことに気付くと手を伸ばして触れることができました。そこで、"声のキャッチボール"として、名前を呼びながらボールをしだいに近付け、名前の一音ごとにボールで体を軽く押すようにしてからそのボールを手渡すようにしてみました。"ボール転がし遊び"では、「ころころ」と言ってからボールを見せるように

写真3　ボール遊び

して言葉への気付きを促したり、ボールをそっと目の前に出し、児童が注目したことを確かめてから「ころころ」と言うようにしてボールを意識できるようにしたりしました。学習を繰り返していくと、「ころころ」という言葉に体の動きを止めて聞いたり、すぐに手を伸ばして取りたい様子を見せたりするようになりました。単元の後半になると、児童へボールを転がしている教師の動きに注目する様子や教師に向けて手を伸ばしたり、自発的な声を出したりする場面が見られるようになっていきました。

4　単元を終えて

（1）結果と考察

　Aさんは友達の活動を繰り返し見ることを通して、「ひらひら」という言葉に合わせて蝶を付けた手を動かそうとしたり、教師の支援を受けながら「せ〜の」「ころころ」などに合わせてボールを転がそうとしたりしました。このような様子から、「ひらひら」「ころころ」などの言葉と動きを結び付けていると捉えました。Dさんは呼名に声で応えたり、目の前に示された蝶やボールの動きを表す言葉に気付くと、顔を上げたり注目したり手を伸ばしたりしました。これらの様子は、呼名や語りかけに自分なりの表現方法で応え、教材や活動を表す言葉に気付き、要求などを伝えようとしている姿だと捉えました。

（2）反省と改善・発展

　7回の授業を重ねただけでは、単元目標に十分に迫ることができたとは言えません。しかし、教室で帽子を見付けると自分から近付き動かしてみる、ボールに気付くと手を伸ばして取る、友達との間で取り合いになるなどの姿が見られたことは、授業が生活場面での変化を生み出したからではないかと考えました。今後も生活の中にある児童の興味・関心を見付け、言葉との結び付きをつくりだしたり、周りの人と関わり合いながら思いを伝えようとする表現ができたりするように、言葉遊びの実践を重ねていきたいと考えています。

単元名▶「ドラえもんDVDを作ろう」

思いを人に伝える
せりふづくりの実践

1 子供の実態

（1）日常生活における言葉の活用状況

　対象は小学部第4学年の児童3名です。A児は言葉と身振りで「○先生、ここ（に来て）」「何しんの（しているの）」等と言うことがありますが、「あわわわわ」のような音声で何を伝えようとしているのか分からないことがあります。B児は尋ねられると経験したことを答えることができますが、感じたことを言葉にすることは多くありません。C児は教師の話をよく聞き、「○月△日校外学習だね」「バスで行こうね」等と言葉で伝えることができます。しかし、聞き取りにくい発音を周りが何度も聞き返すうちに相手の意見に合わせたり、伝えることをあきらめたりする姿も見られます。このように、3名は経験や思いは言葉で伝えられることを理解し始めているものの、伝えられることが限定的で、自分から伝えることが少ない様子があります。このような実態を踏まえ、国語の授業では、身近な人との言葉のやり取りを深め、言葉を用いることで思いを確かなものにしたり、興味や関心をさらに広げていったりすることを目指す、小学部2段階の目標・内容を扱う段階であると捉えました。

（2）観点別評価

　様々な場面での言葉の受け止めや活用の様子を基に、国語科の学習状況を観点別に捉えました。表1はB児の例です。B児は経験や事実を受け止めたり伝えたりするための言葉はもっているので、感じたことと言葉を結び付けることで自分の思いを明確にしたり、自分の思いを伝えるために言葉を活用したりする力を身に付ける必要があると捉えました。

表1　B児の観点別学習状況

知識・技能	思考・判断・表現	主体的に学習に向かう態度
・教師の指示をほぼ理解して行動している。また、必要な連絡を言葉で伝えている。 ・気持ちや様子を表す言葉は、語意の確認を要する。	・「はい」「いいえ」で答えられる質問には端的に答えるが、その理由や気持ちを表現することが少ない。 ・やり取りの中で、「今のでいい？」と正誤を確認する姿が見られる。	・意味を知らない言葉に気付くことは少ない。 ・経験したことや物語の筋を部分的に説明できるが、心に残った内容を話すことは少ない。

2 単元の開発

（1）単元の構想

❶　日常生活場面で目指す姿

　学習状況から、彼らにはもっと自分の気持ちや考えを伝えるために言葉を使えるようになってほしい、そのためにたくさんの言葉を吸収しながら、どの言葉を用いればより思いが伝わるのかを考えたり、判断したりする力を伸ばしてほしいと考えました。そこで、日常生活場面で目指す姿を具体的に設定しました。一つは、「身の回りで扱われている言葉に敏感な姿。例えば、教師との会話やテレビ番組で使われている言葉で分からないものがあったらその場で意味を尋ねたり、意味を知った上で自分の言葉に言い換えたりしている姿」です。もう一つは、「大人からの働きかけがなくても、自分から言葉で周囲に働きかけている姿。例えば、その場にいなかった身近な人に、自分から授業での出来事や感じたことを自分が選んだ言葉で伝え、それに対する相手の言葉を受け止めている姿」です。

❷　単元のアイディア（着想）

　目指す姿を実現するためには、例えば、絵本という限定された情報の中から見付けたものや感じたことを自由に話したり、教師が読み聞かせた言葉を自分なりの言葉に言い直したりする活動、つまり、言葉の正誤のみを学習対象にするのではなく、筋の内容や思いを自分の言葉で表現する学習活動が有効なのではないかと考えました。そこで、登場人物の会話で展開していく平易な筋の物語を教材にし、「登場人物の台詞を自分だったらどのような言葉や表現で伝えるか」について考える学習活動を軸とする単元をつくることにしました。

❸　教材の選定

　教材は、児童になじみのあるドラえもんの短編漫画「ケーキを育てよう」（『はじめてのドラえもん』藤子・F・不二雄，小学館）を選びました。あらすじは「ケーキをたくさん食べたいというドラえもんとのび太の望みが秘密道具で叶えられる。一方、秘密道具を奪ったジャイアンらがお金を増やそうとするが失敗する」というものです。取り上げた理由は、第一に筋が理解しやすいためです。そして、筋の流れが様々な文学作品と共通の起承転結のため、他の物語でも筋の展開を期待しながら読む力を身に付けられるのではないかと考えました。また、登場人物が児童のよく知る4人のため、登場人物を一から捉える負荷がなく、子供たちは筋の面白さに注力できると思いました。絵は、登場人物の表情や行動、状況の変化が端的かつ鮮明に描かれています。筋の理解を促し、絵を見て分かったことや感じたことを言葉で表現するためにふさわしい情報量であると捉えました。そして、誰しもが知っているキャラクターが登場する物語を扱うことで、児童が身近な人と共通の話題を介してやり取りすることの楽しさを味わうことも期待しました。

❹ 指導の手立て

　指導の際は、特に3点を意識することにしました。1点目は、登場人物の表情や行動を繰り返し真似るよう促すことです。体を動かすことで湧いてくる感情に言葉を乗せたり、動きに言葉を伴わせたりすることで言葉のイメージを豊かにし、言葉のもつ働きを捉えられるようにしました。2点目は、児童が発した言葉について、他児に感想を尋ねたり同じように言ってみるよう促したりして、教師がすぐには評価しないことです。言葉は目的や意図、場面や状況等によって変化します。個々で受け止めが異なることもあります。言葉が醸し出す味わいを感覚的に捉えたり、適切な言葉を直感的に判断したりする言語感覚や思考力を育てる関わりを心掛けることにしました。3点目は、児童が学習の主体者であることを意識できるようにすることです。具体的には、大好きな人に見せるために作品を作ることを学習の目的にしました。すると「早く見てもらいたいから頑張ろう」等、自分の学習への向かい方を考える機会になると考えます。また、自ずと「もっと上手に台詞を言いたいから、もう1回やらせて」のような、粘り強く学習に取り組む姿も引き出せるのではないかと考えました。

（2）指導計画

❶ 単元の目標と評価

　指導目標と評価規準は3名同一とし、時間ごとに設定する評価基準を個別に立てて指導を進めました。指導目標は「読み聞かせを基に、絵の様子や話の筋を自分の言葉で表現する言語活動を通して、国語で理解し表現する資質・能力を育成し、言葉を介して人とつながることのよさを感じることができるようにする」です。評価規準は表2のとおりです。

表2　単元の評価規準

知識・技能	思考・判断・表現	主体的に学習に取り組む態度
①教材に関する教師や友達とのやり取りや、登場人物の台詞を表現することを通して、いろいろな言葉の種類に触れたり、言葉の働きに気付いたり、語をまとまりで捉えたりしている。	②登場人物の様子や話の筋について、教師とのやり取りの中でイメージしたり理解したりしたことを、知っている言葉や新たに知った言葉で表している。 ③台詞を言葉や表情、動作とともに表現している。 ④作品を見てもらいたい気持ちが伝わる言葉を書いている。 ⑤筋が秘密道具の働きによって展開していくことを捉えている。	⑥積極的に考えを発言したり友達の意見を聞いたりすることを通して、よりふさわしい台詞を提案したり、表現を工夫しながら台詞を言ったりしている。

❷ 指導計画

　4〜8時間目を主軸の活動と位置付け、全13時間を表3のように計画しました。

表3　単元計画

時	学習活動	内　容*	
		知識及び技能	思考力、判断力、表現力等
1	・絵本漫画「ケーキを育てよう」の読み聞かせを聞く。 ・DVDを作ることを確認し、見せたい人の名前をメモする。	ア(ア)(ウ)イ(イ)	Cアイ Bイ
2	・絵本漫画「ケーキを育てよう」の読み聞かせを聞き、登場人物や大まかな筋を捉える。		Cアイ
3	・話の筋を想起しながら、1コマごとに登場人物の様子を捉えたり絵を順番に並べたりする。		Cアイ
4〜8	・登場人物の台詞を考える。		Cアイ
9〜12	・台本を読んだり、台詞を聞いて確かめたりしながら、役になって台詞を言う。	ア(イ)	Aエ
13	・完成した作品を見て、必要に応じて台詞を言い直す。 ・見せたい人に手紙を書く。	イ(ウ)	Bア

＊知的国語科の内容に示される指導事項の記号を表記。思考力、判断力、表現力等のAは「聞くこと・話すこと」、Bは「書くこと」、Cは「読むこと」。

3 単元の展開

（1）指導の経過

　児童らは筋を理解した上で秘密道具を「何でもたっぷり水」と名付け、初めて登場する場面で強調して言うことにしたり、驚いたときののび太の台詞を「えっ」と短く言うか、語尾を延ばしながら表情を付けて「えー」と表現するのかを教師を介して話し合ったりしながら学習を進めていきました。一方、ジャイアンが秘密道具でお金を増やそうとした結果ゴミが増えてしまう場面では、B児は「ゴミがいっぱい。何で？」、C児も「ゴミいっぱいになったね」とだけ発言し、筋の面白さに気付く様子はありませんでした。

（2）指導改善

　そこで、指導者は単元の目標に立ち返り、筋や場面の様子を自分の言葉で表現する力を育成することが本単元の目的であることを再確認しました。それにより、筋の理解を促すのではなく、「児童が自分だったら秘密道具で何を増やしたいかを考え、秘密道具で自身の願いを叶える」という筋に教材をリライトして学習を進めることにしました。

　また、B児が作品を「映画」と表現し、テレビで聞いた「公開」という言葉の意味を尋ねることがありました。そこで、「公開」を理解すると「僕たちも映画を公開したい」と発言したことをきっかけに、友達や教師に作品を生配信する取組を加えることにしました。そのため、当初の計画から5時間を追加した取組に単元計画を改めました。

4 単元を終えて

（1）結果と考察

❶ 日常生活での言葉によるやり取りの変化

　A児は、「ねぇねぇ」と前担任に自ら働きかけ、廊下の掲示物について指さしと「消防車かっこいい」という言葉で、お気に入りのポスターを貼ったことを伝えていました。B児は、会う機会の少ない教師へ手紙で思いを伝え、返信を期待して毎日ポストをのぞいていました（写真1）。C児は、忘れ物を届けてくれるようコミュニケーションを支援する機器で詳細に依頼していました。これらのエピソード等から、3名の児童は教師の促しが

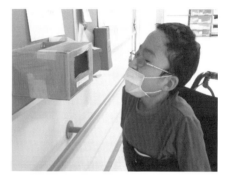

写真1　B児がポストを確認する様子

なくても自分の思いを人に伝えるために言葉を進んで使うようになったと感じています。特にB児は会話の際、「何て言えばいいかな」と言ってしばらく考えた後に発言する等、どの言葉を使えば伝わるかを考えてから言葉を発する姿が見られるようになりました。

❷ ふさわしい言葉とその表現について自ら思考・判断する経験の重要性

　単元途中で、B児が作品を「公開したい」といった言葉への自覚的な関わりや3名の日常生活での変容は、物語の一場面で登場人物が驚いたときの台詞について、「えっ」と「えー」の表現を繰り返し試し、納得して後者を選択した経験が影響していると考えます。筋や挿絵から受けるイメージを具体的な言葉にし、その言葉をどのように表現するのか児童自らが思考・判断することを学習に組み込むことの重要性が示唆されます。

（2）反省と改善・発展

　単元終了時、A児はB児から「次はヒーローアニメで映画を作りたいの？」と尋ねられて「うん」と大きな声で答えました。面白いと感じている作品を人に伝えたい気持ちをもっていることは、まさに国語科が目指す「言葉で伝え合うよさを身に付けつつある姿」だと受け止めます。次単元でヒーローアニメを取り上げることはできませんでしたが、これまでの取組を発展させ、二つの物語から児童がDVDにしたい方を選択した学習活動を展開できました。今後も、言葉を育てることで気持ちを豊かにし、周囲の人たちとの関係を深められるような国語科の単元づくりを探求していきたいです。

小学部 3 段階　単元名 ▶ 「まとまりを見付けて読もう」

言葉で考える力を伸ばす読みの実践

1 子供の実態

（1）日常生活における言葉の活用状況

　対象は中学部第 1 学年の生徒 2 名です。A さんは小学生に人気の漫画が好きで、「主人公に起きた事件を子分と一緒に解決する」という大まかな筋の理解はできますが、筋が盛り上がる場面とそれ以外を平坦に捉えており、内容を尋ねると初めから順を追って説明します。B さんは『アナと雪の女王』（講談社）等の読み聞かせを楽しむことができる一方で、自ら文章を読む場面では、拾い読みのために読むこと自体にエネルギーがかかって内容理解が進みにくかったり、時間を要することで意欲が続かなかったりすることがあります。このように、2 名は文字情報を自分で理解することができ始めてはいるものの効率的ではない様子があります。また、得た情報に対して考えをもったり、それらを他者と交流させたりする経験は多くはありません。

　このような実態から、国語の授業では、自分のイメージや思いを相手に分かるように伝えたり、言葉によって考えを深めたりしていくことを目指す、小学部 3 段階の目標・内容を扱う段階であると捉えました。

（2）観点別評価

　単元を構想するために、観点別に国語科の学習状況を捉えました（表 1）。それにより、A さんは知っている言葉は多くあるので、それらを自ら関連付ける力や、情報を整理して捉えるために言葉を使えるようになる力を身に付ける必要があると捉えました。B さんは考えを整理したり深めたりするために言葉を使えるようになることが課題であると捉えました。

表1　Aさんの観点別学習状況

知識・技能	思考・判断・表現	主体的に学習に向かう態度
・日常生活に必要な言葉はほぼ理解しているが、言葉を字義的に捉えていたり、意味を誤って捉えたりしているものがある。	・事柄を説明するために、よりふさわしい言葉を用いようとすることが少ない。 ・経験したことを話したり書いたりできるが、思いを表現することは少なく、その構成や表現は定型である。	・相手の様子や状況を気にせず一方的に話すことがある。また、関心の低い話に耳を傾けることは少ない。 ・表現したことに対し、説明を求められると怒ったり黙ったりすることがある。

2 単元の開発

（1）単元の構想

❶ 日常生活場面で目指す姿

　生徒の学習状況から、言葉から得られる正確な情報を基に言葉で考える力を伸ばし、言葉で他者と関わったり、自分の考えを深めたりしながら生活する姿を目指すことにしました。

❷ 単元のアイディア（着想）

　目指す姿を実現するためには、やさしい読み物に内在する事柄のまとまりを明確な理由を基にタイトル付けをし、友達と意見交換することで自己の考えを修正したり、確実なものにしたりする学習が必要だと考えました。また、文章には事柄が内在しており、それらが時間的な順序等に沿って並べられていることを理解する必要があります。２名は語句や文が改行で分かれると一つの情報であることを捉えにくい様子がある一方で、自己紹介は「名前、学年、好きな色を言う」という型から抜け出せず、紹介に三つの異なる事柄が含まれていることを意識しにくい様子が見られます。まずは、一文は句点「。」までの一つのまとまった意味を表したものであるなど、文の知識を学んだり、文章に内在するまとまりを、根拠を基に捉えたりする学習が必要であると考えました。

❸ 教材の選定

　教材文は六つの題材で自作しました。その際、事柄のまとまりを捉える手掛かりとなる語句の表現を具体的なものから抽象的なものにステップアップしていくよう考慮しました（表２、図１、図２）。

表２　ステップ化した教材文の題材等

	教材文の題材	内在する事柄	事柄を捉えるための手掛かり
1	動物の赤ちゃん	2種類の動物の赤ちゃん	まとまりのはじめに「〇の赤ちゃんは」
2	動物の食べ物	4種類の動物の食べ物	まとまりのはじめに「〇の食べ物は」
3	動物のしっぽ	6種類の動物のしっぽ	まとまりのはじめに「〇のしっぽは」
4	きりん	同一動物の三つの特性	まとまりのはじめに「きりんの◎は」
5	カンガルー	同一動物の四つの特性	まとまりのはじめに「カンガルーの◎は」 タイトル付けの際は、「　」内を抽象的な表現に直す必要がある
6	パンダ	同一動物の三つの特性	まとまりのはじめに「パンダの◎は」 タイトル付けの際は、「　」内を抽象的な表現に直す必要がある

＊○：動物の名称、◎：特性

たぬきの食べ物は、ねずみやかえるです。
鳥やたまご、魚やこん虫も食べます。
木に登って、かきやビワのようなくだものも食べます。
うさぎの食べ物は、草や木の葉です。
木の皮やくだものも食べます。
こん虫を食べるしゅるいもいます。
くまの食べ物は、季節によってちがいます。
春は、木に新しく出てきた芽や山菜を食べます。
夏は、虫などを食べます。
秋は、木の実などを食べます。
冬は、冬眠しているので、ほとんど何も食べません。
りすの食べ物は、木の実です。
自分のすに、取ってきた木の実を集めておいて、いつでも食べられるようにしています。
くだものやきのこ、小さな動物もよく食べます。

図1　教材文2「動物の食べ物」

カンガルーは、生まれたときはとても体が小さいのです。
生まれたての赤ちゃんは、身長が二センチくらいしかありません。
生まれたばかりの赤ちゃんは、すぐにはって移動し、お母さんのふくろの中に入ります。
そのあたたかいふくろの中で、赤ちゃんはおちちを飲んで大きくなります。
カンガルーは、ジャンプの名人です。
とても足の力が強いのです。
その強い足で、一度に六メートルもとぶことができます。
カンガルーは、昼間はねています。
夜になると起き出して、草を食べます。
人間とはちがう時間に活動しているのです。
カンガルーには、じょうぶなしっぽがあります。
そのしっぽで体をささえて、後ろの二本の足で立つことができます。
しっぽは、しせいをたもつために働いているのです。

図2　教材文5「カンガルー」

❹　指導の手立て

彼らには、文章を主体的に読む学習の中で、文の知識を学ぶ必要があると考えました。そこで、友達に自分の考えを伝える場面で「○文目に〜と書いてあるから」と根拠を述べる場面を作り、それに向けて一文がまとまりの一つの単位であることを学習できるようにしました。具体的には、教材文は１文をほぼ１行で提示し、一文ごとに番号を振る学習活動を行うことにしました。そして、教材文ははじめに全文を見渡せるよう１枚の紙で提示し、まとまりごとにハサミで切り離す活動を入れることで、内在する事柄を視覚的にも捉えやすくしました。また、単元を通して学習活動を統一しました。それにより、自身の学習到達点が自ずと分かるようになるため、「音読しましょう」「次はタイトルを考えましょう」のような教師からの指示がなくても、課題解決に向けて自分に必要な取組を考えられるようにしました。さらに、個別に取り組む時間や友達と話し合う必要性を自ら判断する機会をつくることで、「今日の文章は難しそうだからたくさん考える時間が必要だ」「一人で考えて迷ったところを友達と確認したい」等、自らの学習を調整する力も身に付けられるようにしました。

（2）指導計画

❶　単元の目標と評価

単元の指導目標は、「文章を読んで内在する事柄のまとまりを捉え、その理由を友達に伝わるように明確に話したり、友達の考えを受け止めたりできるようにする」です。評価規準は表３のように設定しました。

表3　単元の評価規準

知識・技能	思考・判断・表現	主体的に学習に取り組む態度
①各文が何について書かれているのかを理解し、同じ事柄ごとにまとまりを作っている。	②理由を説明する際、相手に伝わる声の大きさで話している。 ③自分の考えを伝えるために適切な言葉を用いて話したり、友達の話にうなずいたり、必要に応じて質問したりしている。 ④文意を捉えるために、書かれていない言葉を適切に補ったり、言葉を言い換えたりしている。	⑤友達の考えに同意したり、理由を明確にして異なる意見を伝えたりしている。 ⑥取り組む課題に対し、どの程度時間が必要か、個人で取り組む時間が必要か、話し合いをしたいかを判断して伝えている。

❷　指導計画

　六つの教材文は、一つを2単位時間かけて取り組む計画にしました。どの教材文も1時間目は個別に文章を読んで自分なりにまとまりを考えてタイトルを付ける時間、2時間目は自己の取組を振り返りつつ、まとまりやタイトルを付けた理由を友達に伝え、意見交換をする時間にしました。

3　単元の展開

(1) 指導の経過

　教材文1での学習を経て、生徒たちは自らの学習課題を理解しました。教材文4では、Aさんの「同じ動物だから分けられないね」の発言に対し、Bさんも「私もそう思う」と言い、教材文3までの内容や構成と明確に区別して読んでいる様子が見られました。教師が「三つくらいに分かれるかもしれないよ」と声をかけると、「そう

写真1　Aさんが教材文をまとまりで切る様子

いうことか」と言い、2人共に事柄（同一動物の特性ごと）のまとまりを捉えていました。教材文4で2人は、教師は使っていない「まとまり」や「文章の内容」という国語科の重要用語を進んで用いながら自身の考えを伝え合うようになりました。それをきっかけに、これらの用語を教室内の共通語として確認し、以後使っていけるよう指導しました。

(2) 指導の改善

　Aさんは特に教材文4、5を読みながら深くうなずいたり、「え〜、そうなの」と声を上げたりしていました。その姿から文章を読む目的は、書かれている内容から知識や情操を豊かにすることや、自分の考えを構築して他者と交流することであると指導者が改めて認識しました。また、生徒らにそれらを目標として明示していない指導を深く反省しま

た。そこで教材文6では、従来の学習活動（まとまりを見付けること、それらにタイトルを付けること）に加えて、「へえ～と思ったことを紹介する」という取組を行いました。すると、2人は「パンダの毛はふさふさだと思っていたのに違ったからびっくりした」「小動物も食べるなんてイメージが違う」と互いに感想を述べ合い、文字情報から新たなことを知る楽しさを感じたり、すでに漠然ともっていたイメージと新たに得た知識を照らしたりすることのよさを共に実感している様子が鮮明に見られました。

4 単元を終えて

（1）結果と考察

　教材文5の学習の中で事柄のまとまりのタイトルを、Aさんは「カンガルーの活動する時間の話」、Bさんは「カンガルーはよるおきる」としました。Aさんは「昼間・夜・起き出して」の表現が各文にあるからまとまりにしたこと、まとまりの最終文に「時間・活動」の語句があり、それらが内容をまとめている言葉だと判断してタイトルに用いたことを説明しました。Bさんもほぼ同じ理由でまとまりを作りましたが、「カンガルーは夜起きていることが他の動物と大きく違うから、それが分かるタイトルにした」と話しました。話し合いの結果、表現が違っても両方内容に沿った題名だと確認でき、どちらもよいと認め合っていました。この姿が見られたのは、明確な理由を示した説明を受けて、互いの意見を理解できたからでしょう。スモールステップ化された教材で学習を重ねる中で一つ一つの言葉を生徒が主体的に扱い、自己の判断で情報を整理できたことが影響した姿でもあります。また、学習を自らの必要性から調整することで、納得のいくまで考える経験を経てスムーズに説明ができたことや、自分の考えに自信があるからこそ友達の意見も聞きたいという気持ちになれたことも関係しているのではないかと受け止めています。

（2）反省と改善・発展

　本単元は、国語科の指導でよく扱われる「形式段落の意味理解」を促す取組でした。事柄のまとまりを捉えやすい教材文を用いたいと考えたため、その題材は教師主導で検討しました。また、単元の当初は内容理解よりも文章構造を捉える学習に重点が置かれたため、途中で指導の在り方を見直す必要が生じました。今後は、生徒の興味・関心のある題材をよく吟味し、生徒が目的をもって文章を読む中で、文章構造や展開の仕方等を意識できるような学習を設定し、より主体的に文字情報に向かい、進んで社会の中で生きていく力を付ける国語科の指導を構築していきたいと考えます。

第4章

算数・数学科の
授業づくり

算数・数学科で育む力

1 算数・数学科で育む力

（1）算数・数学科の目標

　特別支援学校小学部・中学部学習指導要領の知的障害者である児童に対する教育を行う特別支援学校の各教科に示されている算数科（知的算数科）小学部の目標は次のとおりです。

> 　数学的な見方・考え方を働かせ、数学的活動を通して、数学的に考える資質・能力を次のとおり育成することを目指す。
> ⑴　数量や図形などについての基礎的・基本的な概念や性質などに気付き理解するとともに、日常の事象を数量や図形に注目して処理する技能を身に付けるようにする。
> ⑵　日常の事象の中から数量や図形を直感的に捉える力、基礎的・基本的な数量や図形の性質などに気付き感じ取る力、数学的な表現を用いて事象を簡潔・明瞭・的確に表したり柔軟に表したりする力を養う。
> ⑶　数学的活動の楽しさに気付き、関心や興味をもち、学習したことを結び付けてよりよく問題を解決しようとする態度、算数で学んだことを学習や生活に活用しようとする態度を養う。

　算数・数学は、身の回りの数量や図形に目を向け、筋道を立てて考えていく教科です。障害の重い子供の場合、算数・数学学習のもっとも基礎となることは、事物を対象として捉えることでしょう。例えば、子供の身近にあるおもちゃを見て捉え、つかもうとすることです。事物を対象として捉えるということは、身近な好きなものの「ある」「ない」を分けて捉えることです。そして子供は、この好きなおもちゃを見て捉え、つかむことで遊ぶ活動を何度も行います。この活動を何度も繰り返すことで、おもちゃの形、色、大きさなどの属性を捉え、見分ける力を育んでいるのです。障害の重い子供は、このような活動を通してものを対象として捉え、具体物の属性や複数の具体物が仲間であることや違う物であることを見分けるなどして、筋道を立てて考えることを学んでいきます。

　このように算数・数学科は、身の回りの数量や図形を伴う体験を通して、そこでの問題を見付け、その問題を解決する過程を重ねていく教科です。それは算数・数学科についてよく言われる、解き方を覚えていく教科ではなく、世の中の様々な物事を捉え、自らの考えを創り出していくことを目指す教科とも言えます。

（2）算数・数学科で見られる難しさ

算数・数学科の目標を達成する上で、どのような学習のつまずきが見られるのでしょうか。

肢体不自由があることにより生じる学習の困難さは、①姿勢や動作の不自由、②感覚や認知の特性、③経験や体験のしにくさ・少なさの三つに分類されます（筑波大学附属桐が丘特別支援学校，2011）。このつまずきは、障害の重い子供にも同様に存在しています。

一つは、姿勢や動作の不自由です。障害の重い子供の多くは、体幹保持や上肢操作の難しさがあります。そのことで、具体物を操作する学習に時間がかかったり、作業を伴う学習が自分で行えなかったりしています。障害の重い子供の学習が、なかなか他の場面で活用しづらいのは、このような操作的・作業的な活動がうまくいかず、また学習を生活に生かす活動も難しいからです。そのため、授業では活動時間を多く設けることが必要です。

二つは、感覚や認知の特性です。障害の重い児童の多くは、視力に問題はなくても、視覚を十分に活用できなかったり、複数の情報を捉えることに難しさを伴ったりします。そのことで、並べられた数を捉えたり、時計の時刻を伝えたりする活動に多くの時間がかかったりします。特に、数概念の理解には大きな困難が現れます。感覚や認知の特性は、概念形成や、思考に影響し、難しさとして現れるからです。そのため、授業の中で考えたり、判断したり、伝えたりする活動を充実させることが必要です。

三つは、経験や体験のしにくさ・少なさです。算数の初期の学習では、具体物を操作しながら数に関心をもったり、日常生活や学校生活の場面と算数科の学習をつなげたりすることが大切ですが、障害の重い子供は、今まで自分で行った活動が少ないために学習の実感が伴わない難しさが見られます。そのため、学習の定着には、数学的活動を充実させることが必要です。

2 各段階で目指す子供の具体的な姿

算数・数学科の領域ごとの具体的な姿を述べます。また、障害の重い子供の目標や内容を取り上げますので、小学部の各段階を詳しく述べ、中学部以降は簡単に述べます。

（1）小学部1段階

小学部1段階には、「A数量の基礎」「B数と計算」「C図形」及び「D測定」の四つの領域があります。

小学部1段階の初期のイメージ

「A数量の基礎」では、具体物の「ある」「なし」を分けて捉えることができる姿を目指します。この具体物を、対象として捉える力が算数科の学習のもっとも基礎となります。「B

数と計算」では、３までの数に気付いて数える姿を目指します。見て触れて感じながら、数に気付いていく経験を重ねることが必要です。「Ｃ図形」では、ものの類型、分類ができる姿を目指します。例えば、スタンプ遊びを通して形に着目したり、おもちゃの上下や前後の違いに気付いたりする姿です。「Ｄ測定」では、ものの大きさに気付く姿です。大きさや数の異なるおもちゃの大きい・小さい、多い・少ないなどの違いに気付く姿を目指します。

小学部１段階の目指す姿の例

（２）小学部２段階

小学部２段階には、「Ａ数と計算」「Ｂ図形」「Ｃ測定」「Ｄデータの活用」の四つの領域があります。

「Ａ数と計算」では、10までの数概念や表し方を表現する姿を目指します。例えば、見て触れながら数の多い・少ないを分ける活動から、10までの数詞とものを対応させて集める活動、個数を数えたり書いたりする活動を行います。これは、ものの数を直感的に捉えていた姿から、10までのものと数詞とを対応させ

小学部２段階の目指す姿の例

ていく姿への成長です。「Ｂ図形」では、身の回りの形に気付く姿を目指します。例えば、身の回りの形に着目して集めたり、分けたりすることで、形のみに着目している姿です。「Ｃ測定」では、二つの量に着目し、大きさを比べる姿です。これまでは、量を大きい・小さい、多い・少ないと表現していた段階でしたが、この段階では長さ、重さ、高さ、広さの属性に注目して二つの量を相対的に比べ、長い・短いなどと表現している姿を目指します。「Ｄデータの活用」では、共通の要素に着目し、簡単な表やグラフで表す姿を目指します。例えば、大きさなどの見た目だけでなく、好きなおもちゃなど目的や用途など質的な面にも注目して分類し、結果を○×など簡単な表で表現している姿です。

（３）小学部３段階

小学部３段階には、「Ａ数と計算」「Ｂ図形」「Ｃ測定」「Ｄデータの活用」の四つの領域があります。

「Ａ数と計算」では、数のまとまりに着目するよさに気付きながら100までの数の意味や表し方ができる姿を目指します。それとともに、20までの加法、減法ができるようにします。加法、減法は、計算の操作で終わらせるのではなく、日常生活と関連付けて学ぶことが大切です。「Ｂ図形」では、形の観察や構成から、形の特徴や角の大きさを捉える姿を目指します。例えば、今までおよそ丸、三角、四角と捉えていた段階から、具体的な

操作から形の特徴に着目して、図形として捉える姿です。「C測定」では、量の単位と測定、時刻や時間の単位について理解し、属性に着目した二つの量の大きさの比べ方と二つの量の違いを判断する姿を目指します。二つの量の大きさの比べ方とは、直接比較（例えば、二本の鉛筆の長さを比べるときに、一方の端をそろえて、他方の端の位置によって長い、短いについて決めること）による活動から始まり、間接比較（例えば、一つしかない机の縦と横の長さを比べるときに、二つの長さを

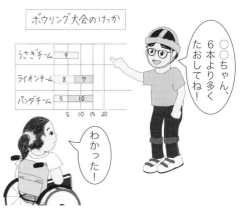

小学部3段階の目指す姿の例

直接並べることができないので、机の縦と横の長さを紙テープに置き換えて、直接比較のやり方と同じ方法で長い、短いについて判断すること）、任意単位の幾つ分かで比較（例えば、テーブルの縦と横の長さを鉛筆の幾つ分かに置き換えて、それぞれの数値からどちらが幾つ分長いかと比べること）という比べ方を知ったり、説明したりする活動です。こうした活動を通して、身近な量に関心をもって二つの量を学び、その結果を表現することが大切です。「Dデータの活用」では、比較のために簡単な絵や図で表現したり、データ数を記号で表現したりして考える姿を目指します。例えば、ボウリングの結果では、簡単な記号を使用した表で比較することにより、「〜より多い」「〜と同じ」など多少や同等を判断できる姿です。

（4）次のステップへ

　中学部数学科1、2段階では、小学部算数科の学習を踏まえ、数や式、表、グラフといった数学的な表現を用いて、筋道を立てて考え表現する姿を目指します。この段階では、具体物などを用いることを通して数学の学習に関心をもち、基礎的・基本的な概念や性質を理解し、日常生活の事象を数学的に捉え表現したり、処理したりすることを重視します。数の範囲を3位数まで広げたり、数の概念についてさらに理解を深めたり、新たに図形の構成要素に着目して弁別したり、伴って変わる二つの数量を表で調べたり、式に表したりしていきます。そうした中で、身に付けた数学的な見方・考え方を働かせて対象の特徴や性質を捉え、新たに気付いたことや分かったことを考察しながら生活場面で活用していく段階となります。

【参考文献】
筑波大学附属桐が丘特別支援学校（2011）『「わかる」授業のための手だて—子どもに「できた！」を実感させる指導の実際』ジアース教育新社

算数・数学科の授業づくりのポイント

1 算数・数学科の観点からの実態把握と育てたい力の明確化

（1）算数・数学科の観点からの実態把握（観点別学習状況評価）

❶ 学習段階の押さえ

　まずは、対象の子供がどの学習段階にいるのか、おおよその見当を付けましょう。おおよその見当としては、領域ごとに、どこまでできているのか、どこが難しいかを見ていくとよいでしょう。

　例えば、A君の実態を見ていきましょう。数量の基礎領域では、好きな玩具をハンカチで隠すと、教師を見てきます。好きなものは注視しているようですが、手で取ることはありません。数と計算領域では、しっかりとは言えませんが、いくつかの数は言っているようです。図形領域では、身の回りにある形に興味はもっているものの、見ている形と同様の形を示しても違う形を見続けています。測定領域では、好きなスーパーボールをたくさん用意すると顔を近付けてきます。この場合A君は、おおよそ小学部1段階の内容と同様な記述が多く見られ、2段階は難しいことから、1段階に学習段階があると見当が付きます。

A君の学習段階の押さえの例

　次に、Bさんについて見ていきましょう。数と計算領域は、100までの数を間違えながらも言えます。10個くらいの具体物は、間違えずに数えたり取ったりできます。しかし、数をまとまりで捉えること

Bさんの学習段階の押さえの例

や足し算、引き算はできません。図形領域では、絵から形を見付けますが、同じ形のカードを重ねられません。測定領域では、多い、少ないは言葉で教えますが、それ以外の量ははっきりしません。この場合、Bさんは、おおよそ小学部2段階の内容と同様な記述が見られ、3段階は難しいことから、2段階に学習段階があると見当が付きます。

❷　観点別評価による捉え

　おおよその学習段階を押さえたら、次は細かな学習の習得状況を見ていきます。観点別評価では、指導していく領域に即して観点別の学習習得状況を評価していくとよいでしょう。

　例えば、測定領域を指導していく場合は、小学部１段階なら１段階、２段階なら２段階の学習の習得状況を測定領域から観点別に見ていきます。

Ｃ君の観点別評価による捉えの例

　例えば、小学部１段階、測定領域の観点別評価を行うＣ君を例に挙げます。小学部１段階の測定領域は、知識及び技能に「大きさや長さなどを、基準に対して同じか違うかによって区別すること」との内容があります。この１段階の評価を考えるときは、Ｃ君が、遊びや生活の中で、「わあ、大きい」「わあ、いっぱい」などと実感している場面があったかを探しましょう。また、授業中に大きい、多いことに気付く場面があったとき、他の生活の場面でも同じように探していないかを振り返ってみましょう。Ｃ君が大きさや長さについて、身近なものを「大きい・小さい」「多い・少ない」の視点から判断していたかどうかを、学習や生活の場面から評価していくのです。また評価では、関わりの中でＣ君がどのように反応していたかを把握します。大きいものに出会ったときに、動きを止めて注意を向けているのか、「わあ、大きい」など言葉で伝えているのか、手を広げて表現しているのか、子供の一つ一つの反応について具体的に評価していくことが大切です。

（２）年間を通して育てたい力の明確化

　観点別の学習状況の評価を受けて、年間を通して算数科で育てたい力を明確にしていきます。育てたい力の明確化とは、算数科の目標に示されている資質・能力を、その子供の実態に照らして具体化することです。

Ｄさんの学習段階の押さえの例

　例えばＤさんでは、おおよそ小学部２段階で学習を計画しています。Ｄさんの個別の指導計画には、日常生活で目指す姿として「言葉の知識や数の基礎を、しっかりと習得する」と記述されています。このＤさんに、育てたい力を設定するには、どのようにすればよいのでしょうか。

　まず、Ｄさんの算数科の図形領域の観点別学習状況評価には、「具体物の操作を繰り返

し行いながら、少しずつ形の仲間分けができ始めている。平面図形では、絵から形を見付け形カードを重ねることができ始めている」と記述されています。Dさんを担当していたE先生は、この様子を算数科の資質・能力の観点から捉え直し、対象を捉え物事を区別することはできているものの、身の回りのものを様々な属性で集めたり、形で仲間分けしたりする活動はまだ難しいのではないかと考えました。そこで、今、形に着目し始めてきたDさんには、数学的な見方・考え方を働かせて形で仲間分けをしたり、形を伝えたりする活動が課題だと思い周りの先生に話すと、多くの賛同が得られました。このことから、年間の育てたい力は「身の回りのものにある形などの属性に着目し、仲間を集めたり分けたりすることで、日常生活にあるものの属性に気付き伝える力」としました。

2 単元を構想するポイント

（1）育てたい力をイメージした指導内容の設定

　育てたい力をどのように指導内容につなげればよいのでしょうか。

　よくある単元構想は、できない課題を並べて指導することです。できない課題から考えるのではなく、育てたい力から指導すべき内容を考えていくことが必要です。そこで、学習の習得状況の評価、個別の指導計画、他の授業や日常生活の様子から育てたい力をイメージして、指導内容を考案していくとよいでしょう。

　例えば、Dさんの育てたい力は、「身の回りのものにある形などの属性に着目し、仲間を集めたり分

Dさんの指導内容の設定の例

けたりすることで、日常生活にあるものの属性に気付き伝える力」です。このときの学習の習得状況評価には、例えば思考・判断・表現では「スプーン、フォーク、コップなど普段使用している食器を食べるときに使うもの、飲むときに使うもので分類できる」「お皿を平らなものとそうでないものとで分ける」と記述されていました。個別の指導計画には、「自分で活動し、結果を確かめられる」「本人が参加できるように教材を工夫する」と配慮点が示されていました。日常生活の様子を周りの先生に聞くと「自分の生活と学習を結び付けている様子」「絵から形を見付ける様子」などが挙げられました。これらのことから、育てたい力をイメージした指導内容は、Dさんの身の回りにある形、色、大きさ、材質などの属性の異なるものを用意し、形の属性に着目して「丸の仲間」「三角の仲間」「四角の仲間」で分類できる内容にしました。最後には、それぞれの仲間を日常生活と関連させ、

例えば、丸は時計、皿、三角はサンドイッチ、四角は本、ノート等と発表できるように計画を立てました。

（2）数学的活動の充実

　障害の重い子供が主体的に取り組むためには、数学的活動が大切です。なぜなら数学的活動は、算数を学ぶ楽しさを実感する重要な役割を果たすからです。数学的活動とは、事象を数理的に捉えて、算数の問題を見いだし、問題を自立的、協働的に解決する過程を遂行することです。

　例えば、Ｄさんの指導内容は、身の回りにあるものを形の属性に着目して仲間分けをすることです。そのとき、次の三つの数学的活動を行います。

　1点は、具体物を操作する活動です。形を認識するために、丸や三角に触れて形の特徴を捉えることが大切です。2点は、結果を確かめる活動です。見ただけで丸としていた形を、時

Ｄさんの数学的活動の例

計の形と重ね合わせて丸を確かめたり、影絵をすることで形を確かめたりします。3点は、結果を振り返る活動です。授業の課題や解決策を振り返り、子供が実際にもう一度操作活動で再現することで、結果を捉え直す活動です。このような数学的活動の充実によって、学ぶ楽しさを実感しながら主体的に学んでいくことができるのです。

（3）学習対象とする教材の選び方、指導の工夫

　単元の目標を踏まえ、単元の教材の選定や指導の工夫をしていきます。例えば、小学部1段階の学習では、教材は「ある」「なし」を分けて捉えることが前提です。そこで、教材には身の回りにあるもの、興味のあるものなど、知っているものを用意します。Ａ君の授業の教材として「光って、鳴って、触れる」玩具を用意しました。1段階の教材では、子供の身近にあるものを少し改造し、いつでも「見て、聞いて、触れる」教材にすることが大切です。

教材の選び方、指導の工夫の例

　このように教材の選定や指導の工夫は、一人一人に応じることが求められます。例えばＤさんは、個別の指導計画に「見通しがもて、達成感が得られるようにする」「自分で活動し、結果を確かめられるようにする」とあります。まず、見通しがもてるように、取り組む活動をホワイトボードで掲示するようにします。次に、自分で活動結果が確かめられるように、終わったものは全て箱に仕舞い、ホワイトボードの活動内容を消します。このように、個別の指導計画に応じて、指導を工夫するようにします。単元で扱う教材の選定や指導の工夫をしていくことで、単元の学びが深まるのです。

第3節 算数・数学科の実践例

小学部1段階 単元名▶「みつけよう」

形に注目することを通して、「気付く」力を育てる

1 子供の実態

（1）日常生活における図形領域の活用状況

　対象の児童は小学部第3学年の児童1名（以下、A児）です。音声言語はありませんが、大人との関わりを好み、発声等で応えようとします。教師が提示した物に注目しますが、生活経験が乏しく、興味・関心の幅はとても狭いです。提示された教材に気付いても、上下などの向きや、形に着目して違いに気付く様子は見られません。型はめをすると丸や三角などの形に注目する様子が見られ始めましたが、正確に見分けることはできません。このような実態を踏まえ、小学部1段階の目標・内容を扱う段階であると捉えました。

（2）観点別評価

　教材への注目の仕方や手指の使い方を基に、算数科の学習状況を観点別に捉えました。提示された教材へ注目し、関心のあるものに気付いたり手を伸ばそうとする様子が見られるので、学習を通して興味・関心の幅を広げ、いろいろなものを見付けたり手を伸ばしたりする力を高めていく必要があると考えました（表1）。

表1　A児の観点別学習状況

知識・技能	思考・判断・表現	主体的に学習に向かう態度
・教師の言葉掛けによる促しで、教材に着目し手を伸ばそうとする。 ・押す・引くといった簡単な操作はできるが、調節は難しい。	・提示されると見知った人や好きな遊び道具の写真に気付く。 ・形や向きの違いに気付く様子は見られない。	・提示された教材に注目しようとする態度が見られる。 ・生活経験に乏しく、興味・関心の幅が狭い。

2　単元の開発

（1）単元の構想

❶　日常生活場面で目指す姿

　発達診断評価（宇佐川, 2007）を使用して、評価を行いました（図1）。その結果、概ね2水準を達成し、3水準の力を身に付けていく段階でした。3水準の課題では「手の操作性の発達」や、「目と手の運動がつながり始める」特徴があり、「見分ける弁別の始まり」の段階と考えられました。この評価とA児の観点別学習状況を踏まえて、「提示された教材に注目する姿」「見比べる活動を通して見分けることができる姿」「形という観点があ

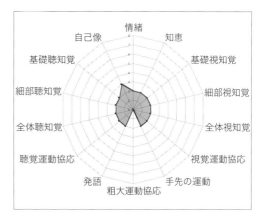

図1　対象児の発達診断評価レーダーチャート
（小学部3年生6月時点）

ることに気付く姿」を目指すことにしました。この姿を踏まえ「提示された教材に注目し、見たり触れたり操作したりする活動を通して形が同じことや違うことに気付き、形に着目する見方や感覚を豊かにする」と算数科の目標を設定しました。

❷　単元のアイディア（着想）

　日常生活場面で目指す姿を実現するために、小学部1段階の図形領域の目標である「身の回りのものの形に注目し、同じ形を捉えたり、形の違いを捉えたりする力を養う」から「形を観点に区別すること」「形が同じものを選ぶこと」を指導内容として設定しました。また、その中で「ものの形に着目する」「形の観点に気付く」ことに重点を置いて指導することが有効であると考えました。

❸　教材の選定

　教材の選定では、形に着目して同じ形、違う形を認識するために「丸」を選びました。丸は、大きさが異なっても常に相似であり、かつ角がないという特徴があります。形の構成要素に着目し形の観点に気付くためには、「丸」が学習に適していると判断しました。日常生活におけるトマトやボールを「丸」にたとえて学習する教材も考えましたが、球と丸が混在し形の観点に気付くことが難しくなるため、今回は「丸」に焦点を当てました。

❹　指導の手立て

　指導の手立てとして三つのことを行いました。一つは単元の導入で、丸をキャラクターにした絵本を読み、教材に親しみと関心を向けるようにしました。二つは、丸と三角という違いのはっきりした図形を提示し、それを見比べて選ばせるという活動を繰り返すことにしました。三つは、選択した後に図形に手で触れて確認を行い、諸感覚を働かせて形と

いう観点に意識を向けられるようにしました。

（2）指導計画

❶ 単元の目標と評価

　指導目標は「提示された教材に注目し、見たり触れたり操作したりする活動を通して、形が同じことや違うことに気付き、形に着目する見方や感覚を豊かにする」です。評価規準は表2のとおりです。

表2　単元の評価規準

知識・技能	思考・判断・表現	主体的に学びに向かう態度
・言葉掛けや具体物の提示、触れることをもとに、丸い形のものや指示されたものと同じものを見付け、手を伸ばすことができる。	・提示されたものに注目し見比べて、指示されたものや同じものを見付けることができる。	・教師の言葉掛けや指さしに応じて、見ようとしたり、手を伸ばそうとしたりすることができる。

❷ 指導計画

　本単元は、全7時間の計画としました。最初の2時間は導入に充て、形を擬人化（まるちゃん）した絵本読みから入り、親しみやすい形で学習に入るようにしました。3～7時間目に形を観点に見分けて選ぶ学習内容を設定しました。

3 単元の展開

（1）指導の経過

　指導の導入時に絵本の読み聞かせをしました。このことから、A児は丸の形に親しみやすくなったようです。教材に関心を向け、提示したものへの注目や見比べをしっかりと行うことができるようになりました。その後、丸と三角を提示し、見比べることで丸の選択を行う指導を展開していきました。指導を展開する中で少しずつ教材への注目や見比べ、選択の仕方に変化が見られるようになりました。

写真1　三角を選ぶ

写真2　手で包み込むようにして形を確認

　1回目の提示の段階では見比べた後、手を伸ばして選んでいるものの、丸を選ばない誤選択がよく見られました（写真1）。そこで、学習の手立てとして、選択した後に丸と三角に手で触れて形を確認するようにしました。手で包み込むようにするなど触れ方を工夫することで、三角の角へ意識を向けられるようにしたのです（写真2）。その結果、手で触れて確認した後の提示の場面では、三角に向けて手を伸ばし少し触れた後に（写真3）、改めて見比べた上で、丸に手を伸ばし選ぶ（写真4）、という様子が見られるようになってきました。三角に手で少し触れてから視線を移したところに、A児が思考を働かせたことが表れたのではないかと評価しました。それ以降も、同じように手を使って確認しながら学習しました。その日の体調の変化や、姿勢のわずかな違いなどによって、教材への関心やどのくらいの時間集中していられるかがまちまちで、うまくいかない日もありましたが、思考に働きかけるようにしながら学習を積み重ねることができました。

写真3　三角に触れた後、自ら視線を丸へ向ける　　　写真4　左手で丸を選ぶ

（2）指導の改善

　丸の選択によって形に注目をするところまで進んでから、日常生活にある具体物と丸を関連付け、生活場面の中にある形、身近な丸い形に注目を促しました。算数の授業以外の場面でも丸い形を見付けると、一緒に確かめるようにしました。学習したことを日常の生活に結び付け、さらに日常の具体物をまた算数の授業に生かすように取り入れるといった指導の改善を行いました。

4 単元を終えて

（1）結果と考察

　形を見比べ選ぶことを通して、A児の思考に働きかけるような実践を積み重ねてきました。諸感覚を活用して確認しながら選ぶということを積み重ねたことで、見比べることから見分けて選ぶことに至る思考の過程を学習できたのではないかと思います。障害の重い子供の学習は、なかなか一つの課題をクリアして次の課題へというようにはいかないこと

が多いですが、「同じことや違うことに気付き、形に着目する見方や感覚を豊かにする」という目標に概ね到達できたと考えます。

　算数という教科の指導を通して見えてきたことが二つあります。

❶　指導目標を明確にする

　例えば、型はめという教材を自立活動の指導で使うことがあります。自立活動では、上肢の運動の調整や、目と手の協応動作などの目標が設定できます。算数として指導していく場合、自立活動ではなく算数である意味は何か、ということを明確にして目標を設定する必要があります。今回の単元では「同じことや違うことに気付き、形に着目する見方や感覚を豊かにする」という目標にしました。単に形の違いを見比べるだけではなく、違いに気付き、形に着目することが大切になります。

❷　具体と抽象の往還と生活を豊かにする観点

　子供たちの周りには、丸い時計や丸いお皿など、丸という形の要素を含んでいるものがたくさんあります。これらのものは、色や模様や用途など様々な形以外の要素を含んでいます。授業の中で扱う丸は形以外の要素が少ない、いわば抽象度の高いものです。今回の単元を学習した後、散歩のときなどに周囲にある丸い形のものを見ながら「まるちゃんだね」と話すと笑顔になることがありました。丸を生活の中で見付け、「まるちゃん」がたくさんあることが分かれば、大きさや色の違いを超えた形の理解に結び付いていきます。授業の中では抽象を扱い、混沌とした生活の中にある具体と結び付けていく。そういった具体と抽象の往還の中で理解を深めていくことが、算数科の教科で学んだことを生活にいかしていくことであり、そこに教科を学ぶ意義があると考えられます。

（2）今後の課題

　算数科では、数学的な見方・考え方を働かせ、数学的に考える資質・能力を育成していきます。1段階の子供の指導では、目標・内容がどのような力を育てることに結び付いていくのかを考えることが大切だと感じました。今回は図形の学習を通して、物の形に着目しながら、「気付く力」を育てることにしました。形に着目して違いに気付き、見分けるということは、数学的な見方・考え方である、根拠を元に筋道を立てて考えていくことにつながっていくと考え、実践に取り組みました。そして、このように教科として指導する場合、評価を観点別で行っていくことになります。障害の重い子供の評価規準は、単元ごとに設定していく必要がありますが、まだ検討が不十分と感じています。評価規準についても育てたい力と結び付けながら、検討を積み重ねていくことが課題と考えます。

【参考文献】
宇佐川浩（2007）『障害児の発達臨床〈1〉感覚と運動の高次化からみた子ども理解』学苑社

小学部 2 段階 　単元名 ▶「いろいろな物を比べてみよう～長さ～」

日常の事象から
量に着目して比べる実践

1 子供の実態

（1）日常生活における測定領域の活用状況

　対象の児童は、小学部第 5 学年の 3 名です。A 児は、教室の電気（照明機器）のスイッチに手が届かないとき、スイッチの近くにある棒を取り、電気のスイッチを点けることがあります。B 児は、的に向かってボールを投げるとき、自分で距離を測り、ボールを投げます。C 児は、花に水やりをするとき、霧吹きの先端をプランターに近付け、花に水が届くようにします。このように 3 名は、長さや距離などを自分たちで考えながら行動している様子が見られるものの、二つの具体物や道具を比べて、「こっちの方が長い（短い）から使いやすそう」などの考えには結び付いていない様子があります。このような実態を踏まえ、算数の授業では、二つの量に着目し、一方を基準にして他方と比べることを目指す、小学部 2 段階の目標・内容を扱う段階であると捉えました。

（2）観点別評価

　様々な場面で具体物の長さや距離感を自分で捉えている様子を基に、算数科の学習状況を観点別に捉えました。表 1 は B 児の例です。B 児は、今までの経験や学習の中で学んだことを知識としてもっています。しかし、身に付けた知識を基に考え、他の学習や生活場面につなげていくことが難しいため、学んだことを日常生活に活用する力を身に付ける必要があると捉えました。

表1　B児の観点別学習状況

知識・技能	思考・判断・表現	主体的に学習に取り組む態度
・二つの長さの端を揃えて、比較することができる。 ・長い、短い、大きい、小さいなどの用語を理解している。 ・魚釣りでは、長さの違う 3 種類の釣り竿から、どの距離の魚に対しても長い釣り竿であれば釣れると考えている。	・長い、短い、大きい、小さいなどの用語を用いて量を表現することができる。 ・遠くにあるものに対して、自分から「これぐらいあれば次は届くのではないか」と予測を立て、両手を使って表現することができる。	・体育のピン倒しでは、距離に応じて力加減をし、ピンまで投げる様子がうかがえる。

2 単元の開発

（1）単元の構想

❶　日常生活場面で目指す姿

　学習状況から、児童らは様々な数学的活動を通して量の違いに着目し、二つのものを比べながら、自分で「こっちの方が長いから使いたい」「短いからこっちの方が使いやすい」と比べて扱いやすい方を選び、問題を解決してほしいと考えました。そこで、日常生活場面で目指す姿を「身の回りの問題を長さや重さ、広さなどの量に着目して、算数で学んだことを活用し、自分で比べたり確かめたり、解決しようとする姿」と設定しました。例えば、校内のロッカーや掲示板、教室内の黒板や机、自分の体の部位などを長さに着目して捉える姿や、自分では届かない具体物に対して、具体物までの距離を見積もり、適した長さのものを使って解決しようとする姿のことです。

❷　単元のアイディア（着想）

　目指す姿を実現するため、児童らの日常生活にある具体物（校舎内の具体物、教室内の具体物）に焦点を当てました。彼らにとって、何度も触れたり見たりしたことがある具体物の方が興味をもって、長さに着目するのではないかと考えました。また、長さに着目することで、授業以外の場面でも、それらを活用して問題を解決しようとする姿が出てくるのではないかと期待しました。

❸　教材の選定

　教材選定では、四つの段階を考えました。一つ目は、直接長さを比べることができるペンやひもなどを選びました。選んだ理由は、端から端までの長さがはっきりとしている具体物だからです。二つ目は、縦や横など幅のある具体物（例えば、長方形の木材、教科書、絵本、画用紙）を選びました。選んだ理由は、具体物によって長さが複数存在することに気付いてほしかったからです。三つ目は、校舎内の掲示板や掃除箱、教室内の黒板やホワイトボードを教材に選びました。理由は、日頃目にするものですが移動して比べることができないため、長さを写し取る必要があるからです。四つ目は、「自分の体」を選びました。理由は、長さを取り出すことのまとめとして、自分たちの体の部位（腕、足、顔）の長さを友達同士で話し合い、端のはっきりしないものから長さを取り出してほしかったからです。体の部位の長さを取り出して、友達同士で比べる中で、自分の方が腕は長い、友達の方が手の指は短いなど、自分たちの体を媒介に、比べることの楽しさを味わってほしいと考えました。

❹　指導の仕掛け

　指導の仕掛けとして、二つのことを心掛けました。一つ目は、「長さ」を比べる際、線分にしないと正確に比べられないことを感覚として捉えてほしいと考え、「ピーン」という共通の言葉を用いるようにしました。「短いのは、ピーン」「長いのは、ピーーーン」と、

言葉の表現によって長さを感覚として捉えていけるのではないかと考えました。二つ目は、友達同士での長さ比べや、具体物や体の部位の長さをテープに写し取るとき、全員で具体物の長さについて考える時間を多く設けることです。特に、B児は縦や横などの長さが複数ある場合でも、長さは一つしかないと決めてしまうことがあります。友達と話し合うことで、ほかにも長さがあることを気付けるのではないかと考えました。

（2）指導計画

❶　単元の目標と評価

　指導目標と評価規準は 3 名同一とし、時間ごとに設定する評価基準を個別に立てて指導を進めました。指導目標は「いろいろな具体物や自分の体の部位などの長さに関心をもち、一方を基準にして比べたり、確かめたりすることができる」です。評価規準は表 2 のとおりです。

表2　単元の評価規準

知識・技能	思考・判断・表現	主体的に学習に取り組む態度
①身近な具体物や自分の体の部位を通して、始点から終点までの長さをひもやテープを使用して、長さを取り出す。 ②片方を基準にして、二つの量の大きさを比べる。	③身近な具体物や自分の体の部位から、一方を基準に比較して、「○○の方が長い」「○○の方が短い」という用語を用いて表現する。	④身近な具体物や自分の体と友達の体の部位の長さの違いを知り、他のものと比べようとしている。

❷　指導計画

　全 16 時間を表 3 のように計画しました。

表3　単元計画

時	学習内容・学習活動	重点を置く評価規準
1〜6	・「長さ体操」をして、手や腕を使って、「ピーン」とした感覚を知る。 ・ペンや棒などが入ったボックスや太さの違うひもが入ったボックスから、ランダムに一つの具体物を取り、友達と長さを比べる。 ・徐々に、幅のある具体物（画用紙や教科書など）から縦と横の長さを取り出し、友達と比べる。	【知】①② 【思】③
7	・複数のカード（大きかったり、動かせなかったりして、長さを直接比べることが難しい具体物が書かれたカード）が入ったボックスから、カードを 1 枚選ぶ。 ・長さを別のものに写しかえる方法を知る。 ・見付けた具体物の長さの始点から終点までを、テープを使用し、長さを取り出す。	【知】①
8〜12	・複数のカードが入ったボックスから、カードを 2 枚選ぶ。 ・友達と協力して、具体物の長さを取り出す。 ・取り出した長さを、テープを使って、写しかえる。 ・写し取ったテープを使って、もう一方と長さを比べる。	【知】①② 【思】③
13〜16	・自分や友達の体の部位の始点から終点までの長さを話し合う。 ・自分や友達の体の部位の長さを、テープを使って写し取る。 ・写し取ったテープを使って、体の部位の長さを比べる。	【知】①② 【思】③ 【主】④

3 単元の展開

（1）指導の経過

　ペンやひもなどの長さを比べる際、端から端までの長さが捉えやすい具体物を取り扱いました。「どこからどこまでが長さか」の質問に対しては、3名とも「ここからここまで」と指でペンやひもなどをなぞりながら答えることができました。B児は、見た目だけで、「またやるの。こっちの方が長い」と何となく長さを判断して、きちんと比べていない様子が見られました。

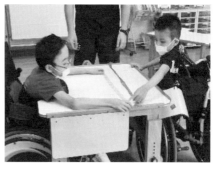

写真1　テープを延ばして比べている

（2）指導改善

　そこで、もう一度単元の目標に立ち返り、物の長さを理解するとはどういうことなのかを教師自身が再確認しました。そして、視点や基準を定めて比較しなければならないものを取り扱うことが重要と考え、幅のある物（教科書や画用紙）から長さを取り出す学習を、当初の計画から2時間増やし単元計画を改めました。

写真2　本の長さを比べている

写真3　物の長さをテープに取って比べている

写真4　体の部位の長さをテープに写し取っている

4 単元を終えて

（1）結果と考察

❶　物の見方の変化

　生活科で、花を観察する単元がありました。実際に、校舎の周りにある花を摘みに行きました。摘んだ花を観察する際、根の長さはどこからどこまであるかの質問に対して、3

名とも「ここからここまで」と根の先端から茎の始まりまでを指でなぞって答えました。

　また、一番長い根はどれなのか考える場面では、何十本もある根から一番長そうな根を見付け出していました。これ以外にも、生活科の時間に行ったさつまいもの箱詰めで、長さの感覚を働かせる様子が見られました。はじめは、目の前にあるさつまいもを時間内にただ入れていました。繰り返しの活動の中で、たくさん入れる方法を考えたり、教師のやり方を観察したりすることで、短いさつまいもの方がたくさん入ることを知り、短いさつまいもを選んで箱に詰めていました。特に、Ｂ児は、箱に詰める前からさつまいも同士を比べていき、短いさつまいものみを自分の周りに置いていました。その後、短いさつまいもから箱に入れていき、最後に長いさつまいもを入れていました。長さの属性に着目してものを見ることができるようになってきたと感じています。

❷　自ら思考し、判断して問題を解決しようとする

　音楽室で電気を点ける場面がありました。教室のように電気のスイッチの近くに棒がなく、腕を伸ばしても届かないことを知ると、3名で話し合いをしました。話し合いの中で、近くにあったホワイトボードからマーカーを一本選んで、スイッチを押そうとしました。そのホワイトボードマーカーでも届かないと分かると、Ａ児が別のマーカーを探しに行き、前のマーカーよりも長いマーカーを選んで電気を点けることができました。また、中庭に植えてあるキウイの実を収穫に行った際は、手の届く範囲の実を取り終えると、高い場所に生えている実をどうやったら取れるのか考え、腕を精一杯伸ばしたり、近くに置いてあった掃除用具入れから実まで届きそうなほうきや清掃用具を見付け、それらを使ったりして、収穫することができました。算数で身に付けた力を活用して問題を解決しようとする姿が見られた場面でした。

（2）反省と改善・発展

　次単元では、Ａ児とＢ児で、校外学習で収穫したさつまいもを使った長さ比べをしました。これまでの学習を発展させ、1本ではなく5本つなげての長さ比べを行いました。その際に、Ｂ児は長そうなさつまいもを5本選び、つなげていました。長さに着目して、何百本もある中から長そうなさつまいもを選んでいた姿は、「長さに着目して、問題を解決しようとする姿」であり、算数・数学科の育てたい力である「見通しをもち筋道を立てて考える力」が発揮された姿でした。今後も、そのような力を育む算数科の単元づくりを探求していきたいと考えています。

第 5 章

生活科・社会科・理科の
授業づくり

生活科・社会科・理科で育む力

1 生活科・社会科・理科で育む力

（1）生活科・社会科・理科の目標

特別支援学校小学部・中学部学習指導要領の知的障害者である児童に対する教育を行う特別支援学校の各教科に示されている生活科（知的生活科）の目標は次のとおりです。

> 具体的な活動や体験を通して、生活に関わる見方・考え方を生かし、自立し生活を豊かにしていくための資質・能力を次のとおり育成することを目指す。
> ⑴ 活動や体験の過程において、自分自身、身近な人々、社会及び自然の特徴やよさ、それらの関わり等に気付くとともに、生活に必要な習慣や技能を身に付けるようにする。
> ⑵ <u>自分自身や身の回りの生活のことや、</u>身近な人々、社会及び自然と自分との関わりについて理解し、考えたことを表現することができるようにする。
> ⑶ <u>自分のことに取り組んだり、</u>身近な人々、社会及び自然に自ら働きかけ、意欲や自信をもって学んだり、生活を豊かにしようとしたりする態度を養う。　　　（下線筆者）

生活科は、日々の生活を学習の対象とした教科です。見る、聞く、触れる、作る、探す、育てる、遊ぶなど対象に直接働きかける活動が中心となります。日々の生活の中で子供たち自身の中に生まれる、見たい、聞きたい、触りたい、作りたい、見付けたい、育てたい、遊びたいなどの思いや願いを実現するために、試行錯誤しながら自分や他者、あるいは社会や自然といった生活上の様々な対象との関わりに気付き、課題をよりよく解決できるようになっていくことを目指す教科と言えるでしょう。

このような学びが想定される生活科は、小学部にのみ設定されており、中学部の社会科、理科及び職業・家庭科の学習につながります。したがって、それらの教科の基礎となる内容を含んでいます。しかし、必ずしも、その初歩的な知識や技能だけを学ぶわけではありません。むしろ、生活科では、生活そのものを学習場面としながら、自分自身や身の回りの生活について考える力の基礎をしっかりと育てていくことが大切です。

また、目標について、小学校の生活科と比較すると、基本的な部分は共通しています。他方で、下線部に示したとおり、自分自身や身の回りの生活のことについて取り組んで、理解したり、考え

図1　小学部生活科とつながる中学部の各教科

たりすることが加えられています。

　生活科は、生活に関わる様々な内容を含んでいますが、特に、基本的な生活習慣に関する内容があることが小学校生活科との差異点です。実際の指導では、生活に関わる様々な課題を、「教師と一緒に解決できる」という段階から、できる限り「自分の力で解決できる」という段階を目指して育てていきます。

生活科

主に基本的な生活習慣に関する内容			主に生活や家庭に関する内容					中学部における社会科や理科につながる内容				
ア 基本的な生活習慣	イ 安全	ウ 日課・予定	エ 遊び	オ 人との関わり	カ 役割	キ 仕事・手伝い	ク 金銭の扱い	ケ きまり	コ 社会の仕組みと公共施設	サ 生命・自然	シ ものの仕組みと働き	
食事 / 用便 / 寝起き / 清潔 / 身の回りの整理	危険防止 / 交通安全 / 避難訓練 / 防災	日課・予定	いろいろな遊び / 遊具の後片付け / 自分自身と家族	身近な人との関わり / 電話や来客の応対 / 気持ちを伝える	集団の参加や集団内での役割 / 地域の行事への参加 / 共同での作業や集団内での区分	手伝い / 整理整頓 / 戸締まり / 掃除 / 後片付け	買い物 / 金銭の扱い / 自動販売機等の利用	自分の物と他人の物の区別 / 学校のきまり / 日常生活のきまり / マナー	家族・親戚・近所の人 / 学校 / いろいろな店 / 社会の様子 / 公共施設の利用 / 交通機関の利用	動物の飼育・植物の栽培 / 自然との触れ合い / 季節の変化と生活	風やゴムの力の働き / 物と重さ	

図2　知的生活科の内容

　中学部の社会科や理科では、生活科で育てた考える力をさらに発展させていきます。

　生活科は、自分と自分をとり巻く生活が学習の場面であり、対象です。人間は、生きている限り常に生活しています。その生活の中で思いや願いを実現するためには、解決が必要な問題に直面します。その解決のために試行錯誤が繰り返されます。

　対して、社会科の学習の対象は社会です。自分だけでなく、様々な人が思いや願いを実現しようとしています。そうした社会を対象とした学びを通して、社会の中の課題について考える力を育てていきます。

　また、理科の学習の対象は自然です。自然は、自分からもっと知ろうと働きかけなければ、ただそこにあるだけです。そのような自然を対象に、確かなことを知るために、自分で問題を設定して、予想を立て、実験的に確かめる力を育てていきます。

　このように見てくると、生活科から社会科・理科へのつながりは、段階的により高度な、あるいはより複雑な問題に気付いたり、解決したいと思ったり、解決策を考え、実行することができる「考える力」を育てていく過程と考えられます。

（2）生活・社会・理科で見られる難しさ

　肢体不自由があるために、自分の身体を使って探索したり、試行錯誤したりすることがしづらいことが挙げられます。

　このことについて理解するために、乳児の発達について考えてみましょう。

　一般的に、子供の考える力は、運動の発達に伴って発達していきます。生後早い時期から、子供は周囲の人やものをじっと見つめたり、声や音がする方に顔を向けたりするなど、

感覚を通して外界を認知し始めます。生後4か月頃には首がすわり、その後寝返りがうてるようになり、さらに座る、はう、つたい歩きをするなど自分の意思で体を動かし、移動したり自由に手が使えるようになったりしていくことで、身近なものに興味をもって関わり、探索活動が活発になっていきます（『保育所保育指針解説』厚生労働省, 2018年より）。

　生まれつき肢体不自由があると、その部位や程度によって、生後間もない時期からの運動の発達が妨げられます。運動の発達が著しく妨げられていると、自分の意思で身体を動かすことが難しく、身近な物に興味をもっても自ら関わっていくことができません。そのような経験の繰り返しは、いつしか興味や関わろうとする意欲を失わせていくことでしょう。

　このように、学習の難しさの源は発達の初期の段階にあります。

　そこで、自立活動での学習と並行しながら、生活科では、比較的得意な動きを活用し、子供自身が周囲のものや人に働きかける動きを促していくことが必要です。

　発達の初期の段階と言っても、例えば、目の前に積み木が積んであると崩そうとする子供もいれば、教師が握っている手をゆっくり離していくと後を追うように指先が動く子供もいるでしょう。積み木は、働きかけの結果、音を立てて崩れるので、結果が分かりやすく子供に届きます。あるいは、握った手を離した後の指先は、動いた結果、再び教師の手に触れられる距離感にあると、動かした結果が子供に伝わるでしょう。

　学習の難しさはありますが、子供の運動の発達に合わせて工夫することで、探索や試行錯誤の機会を設定することができます。子供自身が、自分の働きかけによって、結果が得られる経験を、まずは教師と一緒に積み重ねていくとよいでしょう。

2 各段階で目指す子供の具体的な姿

　生活するということは、まさに課題への気付きと、解決のための試行錯誤の連続です。
　　○おしっこしたい──さあ、どうする？
　　○箱の中から大好きなおもちゃを取り出したい──さあ、どうする？
　　○外で遊んでたら雨が降ってきた──さあ、どうする？　　　　……等々。

　そこで生活科の各段階は、生活の中で現れる課題を「教師と一緒に解決できる」から、できる限り「自分の力で解決できる」という段階へのステップとして描くことができます。

　ここでは、「主に基本的な生活習慣に関する内容」の「身なり」に含まれる衣服の着脱を例に、各段階で学ぶ子供の具体的な姿をイメージしてみましょう。

（1）小学部1段階「様々な活動を教師と一緒に行う」

　この段階では、教師に身体を支えてもらい、袖に腕を通してもらうことが必要な姿から、シャツを首にかけられれば袖を通すことができるような姿まで、多様な姿が含まれます。

　いずれにしてもこの段階は、身の回りの生活において様々な課題を教師と一緒に解決し

ていく段階です。そこで、技能だけに注目すれば、はじめは全く何もできないかもしれません。1段階を達成する水準ばかりにとらわれず、その達成のために必要なスモールステップを工夫しながら、子供自身の探索的な動きや試行錯誤を引き出す仕掛けが重要です。

おそでは上手に通せるかな？

（2）小学部2段階「主に教師の援助を求めながらもできる限り自分の力で生活に生かしていく」

　この段階では、着ている服を脱いだり、目の前に置かれた衣服を着たりすることができるようになってきますが、シャツの前後ろや靴下の表裏などを間違えたり、シャツの裾がズボンからはみ出したりしているかもしれません。また、いつもと違う服では、教師に助けを求めることもあるでしょう。そういった場合、まだ、教師が直接的に援助することが必要なことがあるかもしれませんが、言葉掛けをすれば、気付いて直すことができる姿を目指します。

一人で着られたね！次はボタンだよ〜

　この段階では、教師は先回りして手を出すような援助を控え、言葉掛けを通して気付きを促したり、求めに応じて援助したりなど、子供主体の課題解決が図られるように指導します。

（3）小学部3段階「主にできる限り自分の力で生活に生かしていく」

　言葉掛けがなくても身だしなみを整えられる姿を目指します。そのためには、教師が言葉掛けを控えていくだけでなく、着替え終わったときに身なりを点検する習慣づくりや鏡の使い方など、自立的に課題を解決するための手段を学ぶ必要があります。

あ…寝ぐせが…

　この段階の課題解決は、基本的に子供主体です。しかし、技能に着目すれば、できないこともまだまだあります。例えば、「腕時計を着けたい」と思ってもはじめは難しいでしょう。挑戦してみて、どうしてもできないことは、当然、助けを求めればよいのです。その判断をすることができるようになるのもこの段階です。

（4）社会科や理科を学ぶステップへ

　考える力が十分に育っていなかったり、生活科での経験を十分に積み重ねられなかったりした生徒の場合、必要な学びを補いながら学びを進めていくことになります。

　この段階では、社会に見られる課題を把握して、その解決に向けてどう社会と関わっていくかを選択・判断したり、自然の事物・現象について自ら見いだした疑問に対し、予想を立てて実験的に確かめながら追求していったりというように、生活科などで身に付けた力を応用・発展させて、学びを深めていく姿が期待されます。

第5章 生活科・社会科・理科の授業づくり

第2節 生活科・社会科・理科の授業づくりのポイント

1 生活科・社会科・理科の観点からの実態把握と育てたい力の明確化

（1）生活科・社会科・理科の観点からの実態把握（観点別学習状況評価）

　児童生徒が、生活科、社会科、理科について、どの段階の学習状況にあるか把握します。そこで、中学部生徒であれば社会科・理科から、小学部児童であれば生活科の各段階の目標や内容を基にします。特に、生活科1段階を達成していない場合は、達成に向かう過程においてどの程度の学習状況にあるか、丁寧に把握します。

　ここでは、第1節と同様に、障害の重い子供の学習を想定し、生活科での実態把握を中心に述べ、社会科・理科は1段階について簡単に触れることとします。

❶ 生活科の観点からの実態把握

　生活科の学習では、生活の中の様々な課題を解決しながら、できることを増やしていきます。

　そこでまずは、図1のように、生活の中の課題を、どのように解決しているか把握することにしましょう。そうすることで、大まかにどの段階の学習に取り組む実態か把握できます。

図1　知的生活科における実態と学習の段階性

　とはいえ、例えば「ア　基本的生活習慣」では概ね2段階を達成しているけれど、「カ　役割」では概ね1段階を達成している程度など、取り組む課題によって異なる段階の学習を進める実態にあることは、当然のことです。生活の中で現れる課題は、普段どういう生活をしているかによってずいぶん異なりますし、その課題を解決する難しさも、課題によって異なるからです。

　次に、具体的な指導について検討するために、もう少し詳細に実態を把握していきます。これも、第1節で例示した、衣服の着脱を例にイメージしてみましょう。

ア）1段階「教師の援助があれば解決できる」に向けた実態把握

　シャツを着ることであれば、1段階達成の水準は、教師の援助によって解決できる程度ですから、「知識・技能」として、首を通すところや腕を通すところがあることを理解し

ている必要があります。その理解があればこそ、教師がシャツを首にかけたとき、袖に腕を通そうとすることができるでしょう。

　また、教師がシャツを首にかけても、関心をもっていなければ首にかけられただけで何もしようとはしないでしょう。この「教師からの働きかけに関心をもつ、気付く」というのが、１段階の「思考・判断・表現」です。

　そして、教師の働きかけを前提にしながらも、自分のことに取り組もうとする行動――この場合は、着替えようとする自分なりの動きが出ることなどが「主体的に学習に取り組む態度」として評価できます。教師にシャツを脱がされたり、着せられたりするだけでなく、課題解決に向けた子供自身の動きが少しでも出ることが大切です。始めから終わりまで教師が手伝ってしまっては、指導にも実態把握にもなりません。１段階では特に、子供の動きの起こりをじっくりと待ちながら、実態把握に努めましょう。

イ）２段階「教師の言葉掛けがあれば解決できる」に向けた実態把握

　１段階達成の水準を目指した学習を進めている過程では、シャツの表裏や前後などは子供にとっての課題にはなりません。正しく着られるように教師が整えてシャツを渡すからです。しかし、２段階達成の水準を目指せば、表裏や前後があることや、日常よく着る服装について、きちんとした身なりがどういう状態か「知識・技能」として理解している必要があります。

　子供が自分で着ようとして、それらを間違えそうなときには、教師は気付きを促す言葉掛けをします。また、間違えたときにも、気付きを促す言葉掛けをします。そうした言葉掛けがあったとき、実際に気付くことができるかどうか、気付いて直したり、気付いたことを話したりできるかどうかといったことが「思考・判断・表現」として評価できます。

　また、気付いて直そうとするかどうか、気付きはしたけれど「まいっか」と放置してしまうのか、といったことが「主体的に学習に取り組む態度」として評価できます。

ウ）３段階「自分で解決できる」に向けた実態把握

　３段階達成の水準を目指す学習の過程では、一般論としてきちんとした身なりについて理解しているかが「知識・技能」として評価できます。また、先述したように、身なりを点検する習慣や、鏡の用途や使い方の理解なども、「知識・技能」として評価できます。

　「思考・判断・表現」については、新しく買った服や普段あまり着ない形の服についても身なりを整えることができるかや、どう整えたらよいか分からないときは教師に質問する判断ができるかなどといったことが評価できます。

　また、この水準では、卒業式などに出席する際にいつも以上に服装を整えようとしたり、これまで着たことの無い服装を楽しもうとしたりなど、学んだことを生活を豊かにするために活用しようとしているかといったことが、「主体的に学習に取り組む態度」として評価できます。

❷　社会科の観点からの実態把握

　社会科は、生活科の「ケ　きまり」や「コ　社会の仕組みと公共施設」との関連が強い内容で構成されています。したがって、学習のはじめには、それらの内容に関する生活科での学びの実態を把握します。

　さらに、社会科の1段階の指導に当たっては、社会的な見方・考え方を働かせる基礎がどの程度育っているか把握します。特に、学級や学校などの身の回りの生活から、身近な地域、市区町村、日本、外国といった社会を捉える視野がどれだけ広がっているか、その視野の広がりに対して、どの程度、社会の出来事を捉えることができるか、比較することができるか、関連付けて考えることができるか、特色を見いだすことができるかといった視点から実態を把握しておくとよいでしょう。

❸　理科の観点からの実態把握

　理科は、生活科の「サ　生命・自然」や「シ　ものの仕組みと働き」との関連が強い内容で構成されています。したがって、学習のはじめは社会科と同様に、それらの内容に関する生活科での学びの実態を把握します。

　さらに、理科の1段階の指導に当たっては、理科の見方・考え方を働かせる基礎がどの程度育っているか把握します。特に、○△□など、比較的単純な図形について、色、形、大きさなどで比較し、同じところや違うところに気付き、それを説明できるかを把握しておくとよいでしょう。

　理科の1段階の学習の最初の一歩は、春の校庭で植物や動物の色、形、大きさなどを比較するところから始まることが多いでしょう。校庭で植物を探し、たくさんの情報を有する植物の中から、花の色や葉の形、草丈の大きさなどの要素を見いだして比較するというのは、単純な図形の比較ができることが基礎になります。

（2）年間を通して育てたい力の明確化

　これまで繰り返し例示してきた衣服の着脱のほか、用便や、食事などの基本的な生活習慣に関する課題は、その一つ一つが日常生活を送る中で大切なことで、誰もが解決できるようになる必要のある課題です。

　他方で、これらの課題は、障害の程度によっては、将来的にも他者の援助を受けず、自分一人でできるようになることが望めないこともあります。そうであっても、思いや願いを自分なりの方法で周囲の他者に伝えたり、協力してくれる他者と共に解決したりすることは、生活科で育てたい力の中心を構成するものです。

　このような力を育てるためには、衣服の着脱などの基本的な生活習慣に関する学習を、技術的な練習とばかりに捉えるのではなく、「課題」として捉え、それぞれの子供が自分なりの「解決」を目指せるように指導することが重要です。

2 単元を構想するポイント

（1）生活の課題は子供によって異なる

　前述した「育てたい力」は、自立と社会参加を目指し、どの子供にも育成したい力ですが、生活科のどの内容のどの段階がその子供にとって課題となるのかは、子供によって異なります。もう少しで解決できそうな課題か、他の力を育ててから改めて取り組んだ方が効果的かといったことを踏まえ、子供の実態に合わせて指導します。

（2）生活の課題に取り組める学校生活の流れを作る

　では、生活科の指導は、個別指導が良いのでしょうか。必ずしもそうとは言えません。むしろ、発達の段階や生活年齢を大まかに踏まえた上で、様々な生活の課題に取り組めるような、学校生活の流れを作ることが大切です。「主に生活や家庭に関する内容」などは、他者とともに活動する中で育てていく方が効果的でしょう。

（3）生活の課題の解決は、学んだことの総力戦

　学校生活の流れの中で、子供たちは様々な課題に直面します。とはいえ、課題に気付く場面を意図的に設定して、計画的に指導していくことが可能です。

　さて、生活科の内容を見渡してみると、例えば、「イ　安全」は、避難訓練などの学校行事と関連が深そうです。「オ　人との関わり」や「ケ　きまり」は道徳科と、「ク　金銭の扱い」は算数科と・・・等々、他の教科等と関連する内容がずいぶんたくさんあります。生活の課題の解決に役立つ力が育つのは、生活科だけではないのです。

　他教科と関連のある学習は、課題の解決に必要な他教科の内容を学ぶことで、より効果的な学びとすることができます。さらに、学んだことを他の生活場面へ応用することも効果的です。

　他教科の学習と関連付けたり、日常生活の指導や遊びの指導といった各教科等を合わせた指導をしたりする場合でも、生活科の内容を踏まえて、計画的に指導することが大切です。

（4）社会や自然の問題の解決につなげていく

　生活科では、子供の生活の中で現れる課題に取り組みますので、その課題解決は直接的に生活に生かされ、生活を豊かにすることにつながります。例えば、着替えができれば、友達と遊ぶことができれば、図書室を使うことができれば・・・と、どの課題を解決できるようになることも生活を豊かにします。

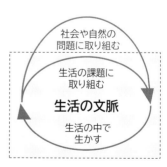

図2　学習の過程と生活の文脈

　他方で、中学部になって学ぶ社会科や理科の問題は、必ずしも子供の生活の中で直接現れてくる課題ばかりではありません。子供は気付いていないけれど、取り組むに値する問題について、子供が自分ごとの課題として捉えられるようにする仕掛けが欠かせません。

生活科・社会科・理科の実践例

　単元名 ▶「春の校庭で遊ぼう」

自分の動きを生かして
健康で主体的な生活を作り出す力を育む実践

1 子供の実態

（1）子供の発達や運動の実態

　対象生徒は中学部第 1 学年です。

　運動については、腹ばいで頭を少し上げたり、頬に触れたものを取ろうと顔を動かしたりすることができます。社会性については、教師に顔をふかれることをいやがったり、人を見ると笑いかけたりすることができます。言語面では、声を出して笑ったり、「れ・れ・れ」など特定の発声があったりします。

　対象生徒は、上肢、下肢ともに麻痺があり、動かすことはできるものの、不随意運動が頻繁にあります。右手は比較的、意思通りに動かすことができる様子ですが、手に緊張が入って握り込むことが多く、指先を使うのは難しい様子が見られます。体幹や頭部を保持して座位姿勢をとることは難しく、車いすに座っているとき以外は、仰向けに寝たり、クッションチェアに座ったりして学習を行っています。

（2）生活科の視点からの実態

　対象生徒は、床から車いすなどへの乗り移り、車いすでの移動、トイレや着替えなど、あらゆる日常生活動作に直接的な援助が必要です。他方で、表情が豊かで発声もあることから、教師が声や表情から情動を読み取り、共感的に関わることができます。

　また、車いすのテーブルの上に物を置くと手を伸ばそうとしたり、担任の教師の声が聞こえるとそちらに顔を向けたりするなど、自分の思いや願いに基づくと見取ることができる動作も見られます。

　以上の実態から、生活における様々な課題を、教師と一緒に行いながら解決していく力

を育む小学部１段階の目標・内容を扱う段階であると捉えました。

（３）観点別に見た学習状況

　小学部での学習や生活場面での様子を基に、学習状況を観点別に捉えました（表１）。

表１　対象生徒の生活科における観点別学習状況

		知識・技能	思考・判断・表現	主体的に学習に取り組む態度
主に基本的な生活習慣に関する内容		・尿意や便意を教師に伝えたり、衣服の着脱の際に、教師の介助に協力したりする動作は見られない。	・トイレのベッドに横になると盛んに足の曲げ伸ばしをするなど、トイレに来たことに気付いている。	・用便や身なりを整えることに関わる学習活動を教師と一緒に行おうとしていない。
主に生活や家庭に関する内容		・車いす付属の机の上にある物に手を伸ばそうとする。 ・教師と一緒にごっこ遊びをしたり、おもちゃを使って遊んだりすることは難しい。	・教師が音の鳴るおもちゃを振って音を鳴らすと笑顔が見られる。	・音の鳴るおもちゃを教師と一緒に振って鳴らしても、自分で振ろうとする様子は見られない。
社会科や理科につながる内容		・担任や特定の教師の声が聞こえると、笑顔になったり顔を向けたりする。	・強いにおいの花や果物が鼻先にあると、顔をしかめたり、背けたりする。	・散歩などで、植物の近くを通っても、手を伸ばす様子は見られない。

　対象生徒は、探索的な手の動きが見られる一方で、運動障害のために意思通りに手を動かすことは難しく、試行錯誤しながら思いや願いを実現しようとする力は育っていません。

　そこで、生活の中で自らの思いや願いに基づいて手を動かすとともに、手を動かして得られた結果に気付く――試行錯誤する力の基礎を育てることが必要と考えました。

2　単元の開発

（１）単元の構想

❶　日常生活場面で目指す姿

　運動や社会性の実態や、観点別学習状況を踏まえると、対象生徒が生活の中で様々な課題に気付き、教師の援助を受けながらも、積極的に自分のできる動きを活用して課題を解決しようとする姿が想定できます。

　例えば、

　・排泄時のズボンの上げ下ろしに合わせて、仰向けで足を曲げたり伸ばしたりする姿

　・机上の小さなおもちゃを紙コップで隠されると、指先を使って探そうとする姿

　・植物の近くに行ったとき、興味をもって植物に手を伸ばし、花を摘み取ろうとする姿

などが想定できます。

❷　単元のアイディア（着想）

　目指す姿を実現するためには、学校生活や授業の中に、自然とそのような課題解決が含まれる活動の流れを作ることが必要です。

　そこで、春の校庭に出かけ、敷物を敷いてその上に座ったり、寝ころんだりしながら、春の草花に手を伸ばす活動を想定しました。手の届く範囲に変わったものが表われた・・・触れてみたい・・・どうしよう？という課題を想定しています。

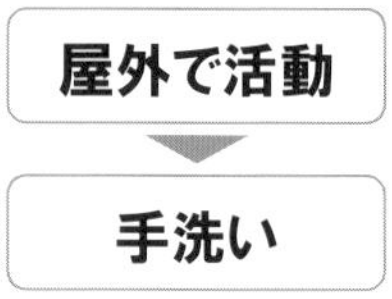

図1　想定した活動の流れ

　次に、屋外で活動した後ですので、手を洗う活動を想定しました（図1）。手が汚れた・・・先生に車いすを押されて洗面台の前に来た・・・どうしよう？という課題を想定しています。

❸　内容のまとまりごとの評価規準と対象生徒の評価基準

　屋外での活動は「サ　生命・自然」の内容「自然との触れ合い」、手洗いは「ア　基本的生活習慣」の「清潔」を想定しました。

　これらの1段階達成の水準として表現される評価規準は、表2の上段のように表せます。しかし、この評価規準と①で述べたような対象生徒において目指す姿を比べると、その姿は1段階達成の水準に至っていません。

　そのことを踏まえて、対象生徒にこの単元で目指す水準を具体的に示したもの──対象生徒の評価基準を表2の下段に示します。単元の指導では、1段階の評価規準の達成を視野に入れつつ、評価基準の達成を目指して指導します。

表2　内容のまとまりごとの評価規準（1段階）と対象生徒の評価基準

	知識・技能	思考・判断・表現	主体的に学習に取り組む態度
内容のまとまりごとの評価規準	自然との触れ合いや清潔に関する初歩的な知識や技能を身に付けている。	自然との触れ合いや清潔に気付き、教師と一緒に行おうとしている。	自然との触れ合いや清潔に関わる初歩的な学習活動を通して、自分のことに取り組もうとしたり、生活に生かそうとしたりしている。
対象生徒の評価基準	①校庭の草花をつかんだり、ちぎりとったりしている。②屋外での活動のあと、手洗い場で、洗面台に手を伸ばしている。	①校庭の草花に気付き、手を伸ばしたり、つかもうとしたりしている。②手洗いをすることに気付き、洗面台に向けて手を伸ばそうとしている。	①校庭の草花に繰り返し手を伸ばして触れようとしている。②洗面台に近付くと、手を伸ばし、蛇口の下に手を運ぼうとしている。

❹　単元の指導計画

　4月の3時間を想定し、5月以降の学級の花壇の世話（雑草取り）につなげていく展開を想定しました。3時間の授業の流れは、単元の構想で述べたとおり、春の校庭で草花に触れる活動をして、室内に戻る際に手洗いをする流れを繰り返しました。

　また、対象生徒が自分で手を動かすことを重視しました。自ら草花に触れようと手を伸

ばす姿を引き出せるよう、草花に手の届く距離に身体全体で近付くとともに、手を動かしやすい姿勢を整え、十分な時間をかけて待つことが必要と考えました。

　さらに、評価では、授業ごとに重点的に評価する観点を設定することはせず、評価基準に則って3観点とも評価することとしました。

3 単元の展開

（1）第1時：草花に繰り返し手を伸ばす

　校庭で様々な雑草が生えている場所に、段ボール、ビニールシート、分厚いヨガマットを敷き、その上に置いた三角クッションにうつ伏せになって、両手を比較的自由に動かせる体勢をとりました。この日、周囲には主に、スギナやカラスノエンドウ、ハルジ

写真1　植物に手を伸ばそうとする対象生徒

オンが生えていました。対象生徒は、繰り返し手を伸ばす様子が見られました。

　その様子からは、何かそれ以上のことをしたいようにも思われるものの、うつ伏せの姿勢では手にうまく力を入れられないように見られたため、あぐら座位をとらせ、教師が支える姿勢をとったところ、目の前にあるハルジオンをつかむ様子が見られました。

　そこで、3観点とも評価基準①については、第1時ですでに達成されたと判断しました。

　手洗いでは、洗面台に対して車いすを、右側、左側の順に近付け、教師が手を取って洗剤を付け、洗いました。

（2）第2時：花をちぎり取り、洗面台に向けて手を伸ばす

　この日は、校庭の雑草の様子が前時とは大きく変わり、ハルジオンが満開となりました。前時にハルジオンに手を伸ばす様子が見られたことから、四方をハルジオンに囲まれる場所に敷物を敷きました。

　横向きの姿勢も加え、様々な姿勢で手の動きを待ちました。どの姿勢でも前時より手を伸ばす回数が増えましたが、あぐら座で最も手を伸ばしていました。あぐら座では、右方に顔を向けて、右手を使って花をつかもうとする様子が見られました。繰り返しハルジオンをつかみ、3輪、花をちぎり取りました。

　その後、教師が即興の手洗いの歌を歌いながら、手洗い場に向かいました。手洗い場で洗面台に車いすの右側を近付けると、右手を動かそうとする様子が見られました。そこで少し待つと、車いすに備え付けの机の上をはわせるようにして手を動かし、洗面台の縁までたどり着きました。この様子から、思考・判断・表現の②を達成した姿と判断しました。

（3）第3時：洗面台の蛇口に向けてそれぞれの手を伸ばす

　前時までに、草花に手を伸ばしたり、ちぎり取ったりする様子が十分に見られたことか

ら、第3時は、車いすに備え付けの机の上に新聞紙を敷き、その上に、教師が抜いた様々な草を土が付いたままのせていきました。

　教師が草をのせると、右手を使って草に触れたり、つかんだりした後、右側から机のわきに落としていく様子が繰り返し見られました。土も付いているので、手はどんどん土まみれになっていきましたが、あまり気にした様子は見られませんでした。

　その後、前時と同様に手洗いの歌を聞きながら、手洗い場に向かいましたが、右側を洗面台に近付けると、右手が蛇口付近まで伸びました。右手を洗って左側を洗面台に近付けると、右手ほどスムーズではないものの、やはり洗面台に向けて動かす様子が見られました。これらの様子から、3観点それぞれの評価基準②も達成した姿が見られたと判断しました。

4 単元を終えて

（1）結果と考察

　単元の経過では、比較的順調に評価基準を達成していった姿が見られます。しかしそれは、対象生徒の成長というよりはむしろ、これまで経験してきた自然体験的な活動が、対象との距離が離れすぎていたり、教師が生徒の手を取って対象に触れさせていたり、生徒の自発的な動きが出るまで教師が十分に待てていなかったりするなど、生徒自身の手の動きを生かし切れない、生徒にとって「受け身」の活動になっていたからではないかと考えられました。結果として現れにくくなっていた試行錯誤する姿が、今回の単元では条件を整えたことで、何とかして草花をつかもうと手を伸ばす姿や、手を洗おうと洗面台の蛇口に手を伸ばす姿などとして現れてきたのだと推察されます。

　知的障害を伴う肢体不自由児の生活科の指導では、運動障害に注目して生徒の活動を制限してしまいがちですが、不自由な中でも自発的な動きを活用し、考える力の基礎を伸ばすことが重要と考えます。

（2）反省と改善・発展

　本単元では春の校庭に出かける活動が、活動の流れを作る起点になっています。とはいえ、手洗いは別の活動でも設定できます。本単元で、あるいは生活科だけで完結させようとせず、様々な活動や他の教科等と連携し、継続して指導していくことが必要です。

　また、本単元の経過を通して、対象生徒の学習においては、探索的な、あるいは試行錯誤的な手の動きを効果的に活用できることが明らかになりました。そこで、生活科だけでなく様々な学習において、適切な課題を設定し、環境を整え、生徒の動きを引き出すことができるよう条件を整えることで、比較的障害の重い生徒についても、主体的に学習が展開されるようになると考えられます。

生活科　小学部 2・3 段階　　単元名 ▶「はこづめにチャレンジ！」

遊びの中で、よりよい方法を考え
工夫しようとする資質・能力を育む

1 子供の実態

　この実践の対象は、小学部第 5 学年の児童 3 名、第 1 学年の児童 1 名、計 4 名の児童です。発達の様子にやや幅はありますが、全員が知的生活科 2 ～ 3 段階の目標で学習しています。生活科では、児童と身近な人々や社会及び自然との関わり合いの中で学んでいくことが大事ですので、4 名全員について、生活科の視点から捉えた実態を簡単に記します。

児童	実態
A (小 5)	・検診を極度に怖がったり、構音障害があるためか慣れていない人に話すことをためらったりする様子があったが、少しずつ苦手なものにも挑戦しようとしたり、初めての人にも自分から話しかけたりするようになっている。 ・友達や教師をよく見ており、よさそうだと思うことを真似する様子が見られる。
B (小 5)	・松ぼっくりを水につけるとかさが閉じると聞き休み時間に試したり、ひまわりに肥料をやった後、キウイの実にも肥料をやると大きくなるかを確かめたりする。 ・自分のやりたいことが優先され、授業の時間や友達に合わせて行動することがまだ難しい様子が見られる。
C (小 5)	・プランターに種をまく際、どうするとバランスよくまけるかといったことを自分で考えるのは難しいが、方法を知るとそれを再現することはできる。 ・車のおもちゃをビニルテープで飾りつける際、自分の思う位置や長さになるまで 1 時間かけて何度も貼り直していた。
D (小 1)	・植物の根を見て「ひげみたい」と発言するなど、色や形をよく見て何かに例えたり、五感で感じたことを表現したりすることができる。 ・1 階から 2 階の教室に移動するためにエレベーターの上下のボタンのどちらを押せばよいか分からないなど、何かを基準にして考えることが難しい様子が見られる。

　4 名とも、周囲の人や物、出来事に興味が向いており、真似をして学ぼうとしたり、何かに例えて捉えようとしたりしている様子が見られます。また、基準をもとに比べて考えることは難しい段階ですが、体験を通して確かめながら知識や技能を獲得していける様子が見られます。

2 単元の開発

（1）単元の構想

　対象児童は、上記のことから概ね幼児期後期の発達段階にあると言えます。この頃の子供は、「周囲を見る力（観察力）がつき、行動パターンも増え、予測しながら自分なりに改良を加えていく能力が身についてくる」「自分中心の世界から他者との関係を理解し始める」と言われています[1]。また、同じ場所で同じような遊びをしていても他の子供との関わりが少ない「並行遊び」から、身近な大人や道具を介して他の子供と一緒に遊ぶようになる「連合遊び」、そして友達と一緒に遊ぶ中で目的やルールを共有し役割分担が出現してくる「協同遊び」の段階にあると言えます。

　このことを踏まえ、遊びの中で、よりよい方法を考え工夫しようとする資質・能力を育むために、以下の点にポイントを置いて単元を考えました。

- ・全員が参加できるようシンプルなルールにする。
- ・友達を意識できるよう個人でもチームでもできるものにする。
- ・よりよい方法を考えたくなるよう勝敗のある遊びにする。
- ・友達や大人の真似をしながら、よりよい方法を獲得できるものにする。
- ・よりよい方法を工夫できるよう、ルールを変えても活動しやすいものにする。

　ちょうどこの頃、対象の学習グループは校外学習で芋掘りに行き、300本以上のさつま芋を収穫していました。校外学習後、子供たちは、自分たちの手でたくさんの芋を掘ったことを様々な教師に誇らしげに伝えるなど、さつま芋に愛着を感じている様子が見られました。また、さつま芋を持って「重い」「端がとがっている」と表現するなど、数の多さだけでなく、大きさや重さ、長さ、形の違いに気付いている様子も見られました。そこで、単元名を「はこづめにチャレンジ！」とし、次のような遊びを行うことにしました。

- ・店で行われる詰め放題の要領で、入れ物から落ちないようにさつま芋を詰め、入れられた数の多さで勝敗を決める。
- ・子供の手指の操作性を考え、ビニル袋でなく入れやすい段ボール箱を使用する。
- ・どうしたら落ちないようにたくさん入れられるかを考えられるようにするため、あまり大きくない段ボール箱を使用する（今回は縦16cm×横21cm×高さ9cmの段ボール箱を使用）。
- ・子供が集中できる時間や、後で数える際に子供が扱える数（100以内）を考え、詰める時間は1分間とする。

（2）指導計画

❶　単元の目標と評価

単元「はこづめにチャレンジ！」の指導目標は次のとおりです。

> 　身近にある物で遊ぶ活動を通して、勝つためによりよい方法を考え工夫しようとする。また、みんなと楽しみながら遊びを創り出そうとする。

評価規準は次のとおりです。

知識・技能	簡単なきまりのある遊びや友達と仲良く遊ぶことなどの知識や技能を身に付ける。
思考・判断・表現	遊びの中で、友達と関わりをもち、遊びを工夫しようとする。
主体的に学習に取り組む態度	みんなと楽しみながら、遊びを創り出そうとする。

　この遊びに限らず、様々な遊びの中で、勝つための方法を考え工夫することで達成感を得たり、自分たちでルールを変えて遊びを創り出したりすることを目指しました。

❷　指導計画

単元の指導計画は次のようにしました。

時間	学習内容・学習活動
1〜2	遊び方を知り、個人でさつま芋を箱に詰め、どうしたらたくさん入れられるかを考える。
3〜10	子供チーム対教師（1名）で戦うこととし、さつま芋を箱にたくさん入れられた友達や大人の方法を参考にするなどして、教師に勝つ方法を考える。

　単元中、同じ遊びを繰り返し行い、毎授業のはじめに「どうしたらもっとうまくできるかな？」と書いた紙を黒板に掲示して、勝つために考えたことを子供に聞くようにしました。授業の終わりにも同じ言葉を投げかけ、工夫したこと、友達や大人の方法から学んだことを確認し、次回にいかせるようにしました。ただし、児童が自分でよりよい方法を考え工夫しようとしなければ目指す資質・能力の育成につながらないと考え、子供の考えに対して教師が正否や優劣といった価値付けをするような声掛けはしないよう心掛けました。

3　単元の展開

　単元の1〜2時間目は、時間内にたくさんのさつま芋を箱に詰めるというルールを理解することや、実際にやってみて遊びに慣れることに時間を費やしました。3時間目からは、友達と一緒に戦うことで、みんなで力を合わせることやチームのために力を尽くすことを意識してほしいと考え、子供チーム対教師（1名）で行いました。その中で、児童は次のように変化していきました。

時間	A	B	C	D
1・2	目の前の芋を詰める。	大きい芋を詰める。	小さい芋を先に詰める。	最初大きい芋を詰めるが、途中で小さい芋に変える。
3	教師の真似をして芋を縦に詰める。	友達の様子に気をとられ、あまり詰められない。	前回同様、小さい芋から詰める。	小さい芋を先に自分の近くに集める。
4	前回同様、芋を縦に詰める。	小さい芋を詰めようとする。	「先に芋を集めておこうかな」「今日は縦に詰める」と言う。	誕生日だったため上の空で、あまり詰められない。
5	芋を縦に詰め、手も速く動かす。	手を速く動かす。	小さい芋を自分の近くに集めて準備する。	小さい芋を自分の近くに集めて準備する。
6	芋を縦に詰める。	手を速く動かす。	（欠席）	小さい芋を詰める。
7	教師の真似をして同時に2個入れることに挑戦する。	小さい芋を意識して詰めようとする。	小さい芋を準備し、手を速く動かして詰める。	（欠席）
8	（欠席）	両面テープが気になり参加できず。	同時に3個入れることに挑戦する。	とにかく手を速く動かす。
9	（欠席）	終わった後に、小さい芋の方がたくさん詰められるか自分で確かめる。	対戦相手の教師の近くにあった芋を自分の近くに持ってくる。	対戦相手でない教師を仲間にしようとする。
10	小さい芋から詰める。	友達の近くに行き「同じチームだから」と言う。	早々と準備し、自分の近くに小さい芋を集める。	対戦相手の教師の近くにあった芋を自分の近くに持ってくる。

写真1　小さい芋を詰める

写真2　芋を縦に詰める

写真3　芋を選んで準備する

4　単元を終えて

（1）結果と考察

　経過をみると、一人一人がこの遊びを理解し、たくさんの芋を詰めるために友達や教師の方法を参考にして試し、自分のやり方を少しずつ変えていくなど、よく考え工夫していることが分かります。その結果、4名の児童が1分間に詰めた芋の数の合計も、5時間目を過ぎた頃から50個を超え、最終的には76個までになりました。対戦相手の教師との数も、はじめは20個程の差がありましたが、しだいに5個差、1個差に迫るようになり、

写真4　自分たちの周りに芋を集める　　　　写真5　芋の数を確かめる児童B

最後は何とか勝つために、教師の近くには芋がない状態を自分たちでつくり出すまでになりました（写真4）。また、特に児童Bはこれまで友達と一緒に遊ぶことが難しかったのですが、この単元では友達を気にして小さい芋を選んでみたり、休み時間に本当に小さい芋の方がたくさん入るのかを確かめてみたりする様子が見られ（写真5）、最後には「同じチームだから」と仲間意識をうかがわせる発言まで聞かれました。チームでしか戦えない遊びを用意するのではなく個人の成果がチームの成果にもなる遊びを用意したこと、工夫の余地のある遊びにしたこと、子供の考えに価値付けをしなかったことなどが、これらの結果につながったと考えます。

（2）反省と改善・発展

　子供は同じような遊びを繰り返す中で、しだいに創意工夫を始めます。ですから、もう少し継続して取り組みたいところですが、全く同じままだと飽きてしまいます。さつま芋とは大きさや形の違う物を使うと、さらに考える余地が生まれるのではないかと思います。また、やや重い物を詰めることにすれば、子供は持ち運ぶために自然に友達と協力するようになるかもしれません。詰める物を何にするかで、育まれる資質・能力も変わるでしょう。

　この遊びで子供が考え工夫する際の視点となっている数や形、大きさ、重さ、長さなどの要素は、算数で育成を目指す資質・能力にも関係しています。ですから、この活動を生活科と算数科を合わせた指導で行うことも可能ですが、その場合は、それぞれの教科でどのような資質・能力の育成を目指しているのかをしっかり押さえると、さらなる成長が期待できることでしょう。

【参考文献】
1）文部科学省『体力向上の基礎を培うための幼児期における実践活動の在り方に関する調査研究報告書』

生活科・社会科・理科の授業づくり

第 **5** 章

身近な地域の様子を捉え、よりよい社会にしようとする資質・能力を育む

1 子供の実態

　この実践の対象は、中学部第3学年の生徒1名、中学部第1学年の生徒1名、計2名の生徒です。3年生の生徒は、前年度に引き続き、知的社会科中学部1段階の目標で学習しました。1年生の生徒は、社会科の学習が初めてということもあり、一部、知的生活科3段階の目標も取り入れながら指導しました。以下、3年生の生徒を例にお伝えします。

　この生徒について、社会科の視点から捉えた実態は次のようでした。

> ・社会的な生活経験が少なく、川と海の区別が曖昧など、身に付けている社会的事象の知識が少ない。
> ・周囲の出来事を意識して見ていないことが多く、校内の消防設備や、身近にある店や公共施設をすぐに答えることができない。
> ・校内の消火器の場所について調べ、どういうところに消火器があると思うかを尋ねた際、「家庭科室に一つありました。理科室の近くに一つありました」と答えるなど、事象と事象を関連付けて考えたり、抽象化、概念化したりすることが難しい。
> ・記憶の保持が難しく学習したことが定着しづらいが、学校の回りの調査で近くの寺に行ったことは時間が経っても説明できるなど、体験したことはよく覚えている。
> ・通っている病院の近くに、学校の回りの調査で行った神社で見た鳥居と同じものがあることを発見するなど、関心をもって学んでいる様子が見られる。
> ・特に自身が不安を感じる災害のニュースについて何度も話すなど、社会の出来事に関心を向け始めている様子が見られる。

　ここから分かるように、もともともっている知識が少ない上に、視点を定めて周囲の社会的事象を捉えることや、事象と事象を関連付けて考えることに難しさがある一方、体験したことは定着しやすい様子が見られました。そこで、生活に結び付いた具体的な活動を通して、繰り返し学習することが効果的であると考えました。

2　単元の開発

（1）単元の構想

　この単元では、身近な地域の様子を捉えたり場所による違いを考えたりし、自分たちのまちをよりよくしようとする資質・能力を育むことを目指しました。そのような授業をつくる際、身近な地域を実際に調査したり、結果を白地図にまとめたりして、何がどこにあるかや、どういうところに集まっているかを理解していくのが一般的です。しかし、外に調査に出かける回数をできるだけ多く設けたいと考えても、指導体制などの問題もあり、実際に毎回出かけることは不可能です。

　そこで、自分たちでまちの模型をつくることを通して、そのような資質・能力を育むことができないかと考えました。この活動では、次のような効果も期待できました。

> ・実際の町をもとに学習を始めるより、自分たちで生活に必要なものを考えながらまちをつくっていく方が、店や公共施設などの知識が身に付きやすく、位置や地形、交通などと自分たちの生活を関連付けて考えることができるようになるのではないか。
> ・実際の町の様子を写真や地図で俯瞰的に捉えるのは、情報量が多く抽象的なところもあるので難しいかもしれないが、自分たちでまちをつくるのであれば、把握できる大きさや情報量をコントロールでき、位置や空間的な広がりを捉えやすいのではないか。
> ・実際の町と違うので、住みたい場所やまちにあるといいものについて様々な人の意見を聞きやすく、また情報量が制限されている分、出される意見もシンプルになることが予想され、子供が理解しやすいのではないか。

　そこで、単元「まちをつくろう」を発想しました。

写真1　まちを作成する様子

写真2　生徒が作成したまち

（2）指導計画

❶　単元の目標と評価

　単元「まちをつくろう」の指導目標は次のとおりです。

> 　身近な地域にある店や公共施設などについて、どのような場所にあるとよいかを生活と関連付けて考え、表現する。また、様々な意見に触れ、みんなにとってよりよいまちをつくろうとする。

　評価規準は次のとおりです。

知識・技能	身近な地域にある店や公共施設などの様子が分かる。
思考・判断・表現	身近な地域の様子を捉え、場所による違いを考え、表現する。
主体的に学習に取り組む態度	みんなにとってよりよいまちをつくろうとする。

　この単元の学習を通して、生きて働く「知識・技能」として身近な地域にある店や公共施設などの様子を理解し、それを基に、どこに家や店、公共施設をつくるとよいかという未知の状況にも対応できる「思考力・判断力・表現力等」を育成し、学んだことを生かしてよりよい人生や社会にしようとする「学びに向かう力・人間性等」の涵養を目指しました。

❷　指導計画

　単元の指導計画は次のようにしました。

次	時間	学習内容・学習活動
一	1〜10	自分たちの生活に必要なもの・あるといいものを考えて、まちをつくる。
二	11〜19	つくったまちに教師の家を建ててもらい、その場所を選んだ理由を聞き、いろいろな考えがあることを知る。
三	20〜22	教師から出た意見や、社会見学で学んだことを踏まえ、さらにまちにあるといいものをつくり、まちを完成させる。

　特に第一次と第二次に十分に時間をかけ、同じような活動を繰り返しながらも、前に学んだことを生かして考えを深められるようにしました。指導の際は、次のようなポイントを大事にしました。

次	指導のポイント
一	・つくるまちの大きさは、子供が全体を見渡して把握できる程度にする（今回は、模造紙１枚の大きさとした）。 ・まちづくりの材料は、自分たちで大きさを決めたり、後で変更したりしやすいよう、発泡スチロールや画用紙、マスキングテープなどを使う。また、後の地図学習につながるよう、川は水色、道路はグレーなどのカテゴリーごとに使う色を考えるようにする。 ・まちづくりの順序は、店や公共施設などをつくる際、地形や交通などと関連付けて考えやすいようにする（今回は、まず山と川を作成するところから始めた）。 ・店や公共施設などをつくるたびに、なぜつくりたいのか、どこにつくりたいのか、どうしてその場所につくりたいのかを問いかけ、思考を深められるようにする。
二	・家を建ててもらう人の数は、子供が扱える情報量に配慮しつつ、多様な意見に触れる機会がもてるよう、複数の人に協力してもらうようにする（今回は、10名の教師に協力を仰いだ）。

3 単元の展開

この単元での生徒の様子について、主なものを記します。

次	生徒の様子
一	・家をまちのどこに建てたいか尋ねると、山や川の近くは災害があるから嫌だ、人見知りだから知っている人の近くがいいと答えた。 ・生活に必要なものを考えたとき、食べものや着るものなどを挙げた。また、教室内を見回して、パソコンや机はどこで買えるのかを教師に尋ねた。 ・生活に必要な水をどこからもってきたらよいか尋ねると、場当たり的に指を差し、どこからもってくればよいか分からない様子であった。生活に必要な水は川から引いていること、また浄水場というところできれいにしていることを伝えると、浄水場に興味を示し、初めて知った、大きさはどのくらいなのか、行ってみたいなどと発言した（浄水場に関する発言は、その後の授業でもしばらく続いた）。 ・パン屋をどこにつくりたいか尋ねると、浄水場の近くだと水が溢れてきたら困ると答えた。 ・スーパーマーケット、電気屋、ホームセンターをどこにつくりたいか尋ねると、他の店に近い方がついでに買えるのでいいと答えた。 ・店が集まっているところの道路の大きさをどうするかを尋ねると、前年に学校の近くの大きな道路を見に行ったことを思い出し、買い物に来る人の車がたくさん通るから大きくした方がいいと答えた。 ・病院をどこにつくりたいか尋ねると、入院しているときは買いたいものがあっても移動が大変なので、スーパーの近くがいいと答えた。また、救急車が通りやすいよう、大きな道路の近くがいいと答えた。
二	・N先生に家を建ててもらったとき、自らN先生にどこに家を建てたいか、なぜその場所を選んだのかを尋ねた（その後、他の教師に家を建ててもらう際も、毎回進んで説明したり質問したりするようになった）。また、水をよく買うので、スーパーマーケットの近くがいいという理由を聞き、N先生の希望に合う場所を適切に選ぶことができた。 ・S先生に家を建ててもらったとき、静かなところがいいという理由を聞き、静かなところは店や駅から遠いので大変ではないかと質問した。S先生が遠い方が走るトレーニングができるのでいいと答えると、便利そうなところを選ぶ人ばかりでないことを知り、少し驚いた様子であった。 ・W先生に家を建ててもらったとき、静かで海の近くがいいという理由を聞き、海の近くは津波がくるのではないかと心配した。W先生が津波で流されても被害が少なくて済むように小さい家にすると答えると、災害の危険があるところに住みたい人もいることを知り驚いていた。
三	・社会見学で大きな川を見に行き、治水資料館の人から洪水を防ぐために水門や堤防があることを教わった。その後の授業で、自分たちのまちにも水門と堤防をつくることを提案した。

4 単元を終えて

（1）結果と考察

　この単元での学習を通して、自分たちの生活にとってあるとよい店や公共施設についての知識が増え、特にホームセンターや浄水場など初めて知った場所に行ってみたいと発言するなど、店や公共施設への興味が高まりました。自分たちのまちをつくるということが、身近な地域の様子に関する知識を積極的に増やしたり、関心を高めたりすることにつながったと考えられます。

　また、災害に対する不安から川や浄水場の近くに建物をつくることに反対したり、店は買い物に便利なように、また病院は救急車が通りやすいように大きな道路沿いにつくった方がいいと発言したりするなど、生活と関連付けて考えている場面が多々ありました。まちに店や公共施設などをつくるたびに理由や位置を尋ね続けたことが、そのような思考を促したのではないかと考えます。また、様々な人の考えを聞く活動を取り入れたことが、考えの幅を広げることに寄与したと考えています。

　社会見学後に自分たちのまちに水門と堤防をつくることを提案するなど、何とか災害を防ぎたいと考えている様子もうかがえました。実際の社会に参画しているわけではありませんが、まちを少しでもよりよくしようとする気持ちが芽生えていることが、今後の社会参画につながっていくのではないかと考えます。

（2）反省と改善・発展

　まちをつくることは子供の実態に合わせやすい反面、あくまでも架空のものであるため実社会との結び付きが弱いという課題があります。校外行事などと関連させて、可能な限り実際の地域の様子を確かめる機会を設けると、学んだことが定着したり、関心を高められたりすると思います。また、実際の店や公共施設について、その場所につくった理由などを関係者に聞いて調べると、さらに学びを深めることができます。

　この単元の発展として、地域の様子を理解すると、それを軸に公共施設の役割や地域の安全、生産や販売の仕事の学習へとつなげていくことができます。また、つくったまちを白地図に起こし、記号などを加えていけば、地図の学習にもなります。そのような学習を重ねていくことで、社会をよりよくしようとする資質や能力が育まれることを願っています。

理科　中学部1段階　単元名▶「葉を探して比べよう」

理科の見方・考え方を働かせることを目指した 1段階導入時期の実践

1　子供の実態

（1）子供の発達や運動の実態

　対象生徒は、知的障害を併せ有する中学部第2学年です。手術のために入院しながら、施設併設型の肢体不自由特別支援学校へ通学しています。上肢の運動障害のため書字やタブレット端末のタップは難しく、発声のしづらさはあるものの、口頭でのやり取りができるため代筆による表現が可能です。本実践では、手術後のため、ほぼ平面の車いす上で、背中から頭だけを少し起こした姿勢で学習に取り組みました。

（2）理科の視点からの実態

　1段階では、自然のものごとを対象に、色、形、大きさなどを比較します。花を手に取ると、そこには、形や色、大きさなどの要素が複雑に配置されています（図1）。比較するためには、その中から、比べたい要素だけを取り出して捉え、それ以外を見ないことにする必要があります。その基礎としては、算数科などで単純な図形を比較できるようになっていることが必要です。

図1　複雑に配置された要素

　対象生徒は、色、形、大きさの異なる○∧□といった単純な図形について、同じところや違うところに気付き、説明することができます。他方で、色と大きさが異なるなど、二つ以上の要素が異なる場合には、正確に説明できないことがあります。

（3）観点別に見た学習状況

　学習や生活場面での様子を基に、学習状況を表1のように観点別に捉えました。

表1　対象生徒の理科における観点別学習状況

知識・技能	思考・判断・表現	主体的に学習に取り組む態度
・数種類の植物の名前を知っているが、特徴と名前が一致していないことがある。 ・図形を色や形で仲間分けすることができる。	・花の色を比較することで、違うところや同じところに気付き、説明することができる。	・学んだことを友達に説明しようとすることができる。

表1からは、自然のものごとを比べて、同じか違うかといった視点で見たり、仲間はどれとどれかと考えたりすることができそうな実態であることが分かります。

ただ、たくさんの要素が含まれるものごとを比べることはまだ難しそうです。そこで、植物の花の色や、葉の形など、比較しやすい要素を含むものごとについて、じっくりと比較する経験を積むことで、様々な物事を比較する力の基礎が育つと考えられます。

2 単元の開発

（1）単元の構想

❶ 日常生活場面で目指す姿

理科の学習を通して育成を目指す資質・能力は、科学的に問題解決ができるようになることです。科学的に問題解決することが有用な対象は、自然のものごとに限りません。理科では、自然のものごとを対象にその練習をしているのです。

では、「科学的に問題解決ができる」というのはどういうことでしょうか。

それは、問題を捉え、予想を立てて実験的に確かめ、その結果を踏まえて自分の考えを修正しながら、より確かな解決に迫るプロセスを身に付けることと言えるでしょう。

生活科で試行錯誤する姿に似ていますが、実験的に確かめられるように問題を捉えることや、予想を立てて確かめたり、結果によって自分の考えを改めたりする思考は、意識的に努力しないとできるようにはなりません。生活科の発展であり、練習が必要なのです。

日常生活では、身に付けた問題解決の力を活用して、例えば、友達と意見が食い違うとき、実際にやってみて確かめようとしたり、やってみた結果を踏まえて友達の意見を尊重したりするなど、問題を科学的に解決しようとする姿に表れてくることが期待されます。

❷ 単元のアイディア（着想）

実態と目指す姿を照らし合わせると、まずは分かりやすいものを対象に比較する学習活動が想定されます。この単元では、植物の葉を対象として、形を比べる学習を考えました。

さらに、単元計画では、単元の始めでの自分の考えと、単元の終わりでの自分の考えを対比することで、学習によって考えが変わったことを自覚できるようなしかけを盛り込みたいと考えました。そこで、第1時と最終回に、「葉」のイメージを絵に描き、形を比べて、違うところに気付く流れを構想しました。

図2　典型的な葉の形

その根底には、生徒はおそらく図2のようなしずく型や、楕円形、卵型などの典型的な形の葉を基本的なイメージとしてもっているだろうという予想があります。他方で、それ以外の形の葉についてはあまり意識的に考えたことがないとも予想しました。そこで、葉

のイメージをより多様に描けるよう、様々な葉を探すフィールドワークを単元の学習活動の中心にしました。

　また、対象生徒は、普段1人で学習をしています。他者の考えと自分の考えを交流させ、同じところや違うところがあることに気付くことも、科学的に問題解決ができるようになるために重要なことです。そこでこの単元は、意見交換をする授業について他校とテレビ会議でつなぎ、遠隔合同授業で実施することにしました。

❸　内容のまとまりごとの評価規準と対象生徒の評価基準

　1段階達成の水準として表現される内容のまとまりごとの評価規準は、表2の上段のように表せます。また、単元のアイディアを踏まえ、対象生徒がこの単元で達成を目指す水準である評価基準を下段に示します。単元の指導では、この評価基準の達成を目指して指導します。

表2　内容のまとまりごとの評価規準（1段階）と対象生徒の評価基準

	知識・技能	思考・判断・表現	主体的に学習に取り組む態度
内容のまとまりごとの評価規準	・生物は、色、形、大きさなど、姿に違いがあることを理解している。 ・観察、実験に関する初歩的な技能を身に付けている。	・身の回りの生物について調べる中で、差異点や共通点に気付き、生物の姿についての疑問をもち、表現している。	・生物の姿の違いについて進んで調べ、学んだことを身の回りの中で見付けようとしている。
対象生徒の評価基準	①植物の葉には、多様な形があることに関する気付きについて、発言している。 ②植物の葉を見たり、触れたりすることで特徴を捉え、見本をもとに名前を付けている。	①植物の葉の形を見本と比較し、似ているところや違うところについて発言している。 ②友達の描いた葉と自分の葉の形を比較し、似ているところや違うところについて発言している。	①校庭で、目的の形の葉を粘り強く探している。 ②学習前後で描いた葉の形の変化から、自分の葉のイメージが変化したことについて発言している。

❹　単元の指導計画

　授業では、教師から問題を提示しました。それに対して、葉を探すフィールドワークなどを通して問題解決を図り、分かったことや疑問に思ったことなどをワークシートにまとめる展開を繰り返し実施しました（表3）。

131

表3　単元「葉を探して比べよう」の概要

時	問題	授業	評価
1	あなたの知っている「葉っぱ」の絵を描いて、友達の絵と形を比べてみましょう。	遠	思②
2	みんなの描いた形の「葉」を校庭で探そう。	各	主①
3			知②・思①
4	細長い形の「葉」を三つ探そう。		知②・思①
5	校庭で見付けた「葉」について発表しよう。	遠	思②・主②
6	これまで見たことのない形の「葉」を一つ探そう。		知①・主①
7	もう一度「葉」の絵を描いて、前に描いた「葉っぱ」の絵と比べてみましょう。	各	主②

凡例　遠：遠隔合同授業で授業を実施　　　　各：各校でフィールドワーク等
　　　知：主に知識・技能について評価　　　思：主に思考・判断・表現について評価
　　　主：主に主体的に学習に取り組む態度について評価

3　単元の展開

（1）第1時：私の葉っぱ、友達の葉っぱを見える化する遠隔合同授業

　それぞれの学校で自分の思い描く「葉っぱ」の絵を描いてから、テレビ会議で発表し合いました（写真1）。遠隔合同授業の相手校の生徒の多くは図2のとおり、典型的な葉の形をイメージしていましたが、対象生徒は「もみじのかたち、とげとげしたかたち」の葉を教師に手を添えてもらって描きました（写真1）。対象生徒は、相手校の生徒の描いた形と自分の描いた形を比べ、どの形も自分の形と似ていないと発言していました。

写真1　対象生徒が描いた葉っぱ（第1時）

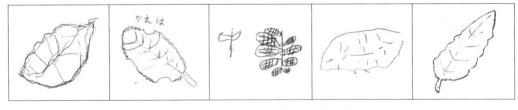

図2　相手校の生徒が描いた葉っぱ

（2）第2〜3時：みんなの描いた葉を校庭で探すフィールドワーク

　第1時に自身が描いた形や、相手校の生徒たちが描いた形に似た葉を校庭で探しました。実際に校庭にあるか分からないまま探しましたが、粘り強く探し、自分以外が描いた絵に似た形の葉を全て探すことができました。他方、モミジの葉を描いたにもかかわらず、イ

ロハモミジの前を素通りし、別の植物の葉を似た形の葉として採集したことから、対象生徒の葉のイメージは実際の自然体験を基にしていないかもしれないと感じました。

（3）第4時：細長い葉を探すフィールドワーク

　友達の描いた形の中に、縁がギザギザのものや、細長いものなどがなかった場合、形を指定して探すフィールドワークを想定していました。そこで、第4時は、細長い葉を探すことにしたところ、ヤダケやリュウノヒゲ、ニラ等が見付かりました。特に、ニラについては、その辺にたくさん生えていることに驚くとともに、においをかぎながら「餃子が食べたくなった」と発言するなど、知識と生活が結び付く場面が見られました。

（4）第5時：見付けた葉を紹介し合う遠隔合同授業

　遠隔合同授業で、第4時に見付けた葉を紹介しました。テレビ会議をつないだまま、タブレット端末を校庭に持ち出し、対象生徒が説明しながら葉を紹介しました（写真2）。

写真2　見付けた葉を紹介

（5）第6時：葉のイメージをさらに広げるフィールドワーク

　学校の敷地内で、これまでに見たことのない形の葉を探して回りました。対象生徒は、イチョウの葉を見付けました。その後、教師からはアカマツとニオイヒバを紹介し、教室に戻って見本と見比べました。すると、見付けた葉がイチョウであることに驚き、「色が違うからイチョウとは思わなかった」と発言しました。そこで、「もしや…」と思い、下校時にイロハモミジの木の前を通るとき、「これはモミジの木」ということを伝えると、やはり驚き、「色が違う」とのことでした。詳しく話を聞くと、小学生のときからたびたび、秋に関する創作活動でイチョウやモミジは知っていたけれど、葉が緑色なので同じものとは思わなかったとのことでした。その印象が強くて、色を見ないことにして形を見ることはできていなかったものの、葉のイメージは広がったと思いました。

（6）第7時：学習を通して変化した私の「葉」のイメージを見える化する

　再び葉の絵を描くと、自筆で図3のように描きました。第1時の葉っぱの絵と比べ、「前に比べると長くなった。あと形が全然違う」と発言しました。

　また、単元の感想を5段階評価で尋ねると、「5　とてもたのしかった」と回答しました。

図3　対象生徒が描いた葉っぱ（第7時）

その理由は、「冒険みたいで楽しかった。いろいろな葉を知れてよかったです。分からな

い葉もいろいろあったので、楽しかったです」とのことでした。「分からない葉」とはどういうことか尋ねると、「初めて知った葉」という意味だと発言しました。

4 単元を終えて

（1）結果と考察

　感想から、本単元は対象生徒にとって学びがいのあるものだったと判断できます。また、遠隔合同授業の対象校の生徒たちにも同様の感想を求めましたが、「5　とてもたのしかった」3名、「4　たのしかった」2名と回答がありました。

　また、第6〜7時の学習の様子からは、葉のイメージを広げていくことにも成功したと考えられます。学習の過程では、葉の形を比較する理科の考え方や、共通性・多様性の視点で捉える理科の見方を働かせている様子が見られました。

（2）反省と改善・発展

　1段階では、思考力、判断力、表現力等として疑問をもつ力の育成を目指しますが、第6時には、学習活動から自然と疑問が述べられ、考えが広がっていく様子も見られました。

　単元全体を通して疑問をもてるように育てていく展開や、それを遠隔合同授業で共に学び合いながら促すことができないかなど、実践的に検討していくことが課題です。

第 6 章

音楽科の
授業づくり

第1節 音楽科で育む力

1 音楽科で育む力

（1）音楽科の目標

特別支援学校小学部・中学部学習指導要領、知的障害者である児童に対する教育を行う特別支援学校の各教科に示されている音楽科（知的音楽科）小学部の目標は次のとおりです。

> 表現及び鑑賞の活動を通して、音楽的な見方・考え方を働かせ、生活の中の音や音楽に興味や関心をもって関わる資質・能力を次のとおり育成することを目指す。
> ⑴ 曲名や曲想と音楽のつくりについて気付くとともに、感じたことを音楽表現するために必要な技能を身に付けるようにする。
> ⑵ 感じたことを表現することや、曲や演奏の楽しさを見いだしながら、音や音楽の楽しさを味わって聴くことができるようにする。
> ⑶ 音や音楽に楽しく関わり、協働して音楽活動する楽しさを感じるとともに、身の回りの様々な音楽に親しむ態度を養い、豊かな情操を培う。

風で木の葉が擦れ合う音、廊下を歩く足音、コンビニエンスストアの入店音、テレビやCDから流れてくる童謡やJ-POPなど、私たちの生活はたくさんの音や音楽であふれています。音楽科は、そういった音や音楽に気付き、その面白さや美しさを味わって聴いたり、音楽を表現することを楽しんだりすることを通して、自ら音や音楽に関わり、生活を豊かにしていこうとする力を育む教科です。また、音楽は、言語を用いずに表現できるものであり、年齢や国籍、文化の垣根を越えて共有できるものです。障害が重く、話し言葉を習得していない子供にとっても、音楽を一緒に聴いたり、歌ったり、楽器で奏でたりすることで、他者、または社会とつながる力を育むことができる教科であるとも言えます。

中学部では、小学部で育んだことを基礎に、「生活や社会の中の音や音楽、音楽文化と豊かに興味や関心をもって関わる資質・能力」を育むことを目標とし、学校内外の生活や社会における音や音楽へと学習対象を広げていきます。

（2）音楽科で見られる学習上の難しさ

こうした音楽科の目標を達成するに当たり、障害の重い子供には、どのような学習上の難しさがあるでしょうか。

一つ目は、技能の習得の難しさです。障害の重い子供の場合、声を出したり手を動かし

たりしようとすると身体にぎゅっと力が入ってしまったり、筋力が弱く物を持ち続けることができなかったりすることがあります。そうすると、歌おうと思ってもうまく声を出せなかったり、楽器を演奏しようとしても音を出すことが難しかったりします。自分の表現したい音楽があっても、それを表現できる技能の習得が難しいということが障害の重い子供の音楽科の学習上の難しさとして挙げられるでしょう。

　二つ目は、表現活動への広がりにくさです。障害が重い子供の場合は、音を聴きながら何かを見続ける、音を聴きながら手を動かすというように、複数の感覚器官や運動器官を同時に活用することが難しいことが多いです。そのため、音楽が流れている中で楽器を演奏しようとすると、音楽や楽器の音を聴くことに集中して手が止まったり、楽器から視線や手が離れてしまったりし、音楽表現が止まってしまうこともあります。また、音楽科の学習においては、歌を歌ったり、楽器を演奏したり、音楽をつくったり、音楽を体の動きで表現したり、音や音楽を聴いたりすることなど、多様な音楽活動を通して拍やリズムを捉えたり、音や音楽が表すイメージを膨らませたりし、自らの表現を工夫しようとすることへとつながっていきます。しかし、障害の重い子供の場合、リズミカルな音楽を聴いて自然と体が動くような体験や、手拍子などで拍を体感する経験を積みにくいことが見られます。その結果、音や音楽の面白さや楽しさを感じたり、「このように鳴らしてみたいな」と表現を工夫したりすることにつながりにくいこともあります。

2 各段階で目指す子供の具体的な姿

　ここでは障害の重い子供の目標や内容を取り上げますので、小学部の各段階について詳しく述べ、中学部以降の姿を簡単に述べることとします。

（1）小学部1段階

　小学部1段階は、聞こえてくる音や音楽に気付き、音や音楽に対して自分なりの楽しさを見付けたり、自分なりに表そうとしたりすることをねらいとする段階です。

　小学部1段階は表現領域・鑑賞領域ともに、「音楽遊び」分野のみで構成されています。この「音楽遊び」は、小学部2段階の「歌唱」「器楽」「音楽づくり」「身体表現」及び「鑑賞」の基礎となる力を育むことをねらいとする分野です。音楽遊びは、遊びの中で自然に音や音楽に気付き、自分なりに表現していくことをねらいとする内容です。教師の歌や楽器の演奏、電子機器などから聞こえてくる音楽が流れている中で遊び、音や音楽に気付いてじっと動きを止めながら聴いたり、体を揺すったり、声

小学部1段階で目指す子供のイメージ

を出したりする姿を目指します。

この段階では、聞こえてくる音や音楽に気付くこと自体が一つの目標となるでしょう。そのため、教材には子供たちが受け止めやすく分かりやすい音や音楽を選んだり、音源の位置を工夫したりすることが必要となるでしょう。また、子供の自由な表現を受け止めるとともに、わずかな動きを見逃さずに返していくことで、子供たちが音楽を表現することを楽しむ力を養うことが求められます。

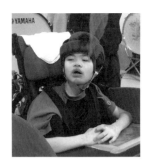

聞こえてくる音に気付き、耳を傾ける

（2）小学部2段階

小学部2段階は、身近ななじみのある曲ややさしい旋律の曲などを聴いたり、教師や友達と一緒に打楽器などを演奏したりする中で、曲の特徴的なリズムや旋律、拍など、音楽を形づくっている要素に気付き、そのよさや面白さ、美しさを感じて味わって聴く、要素を意識しながら自分でも表現しようとすることなどをねらいとする段階です。この段階の子供には、友達や教師の表現を模倣しようとする意欲が高まってくる様子が見られます。そこで、教師や友達が歌ったり、楽器を鳴らしたりしているのを見て、同じようにやってみようと思い、声を合わせて歌ったり、同じリズムで手拍子をしたり、また楽器の鳴らし方を真似したりする中で音楽を形づくっている要素に気付いたり、要素を意識して表現する技能を養うことを目指します。例えば、「てをたたきましょう」という曲は、「～しましょう」の歌詞のあとに、「♩♩♩♩」のリズムが繰

手をたたきましょう♪

小学部2段階で目指す子供のイメージ

教師の手本を模倣して楽器を鳴らす

り返し用いられています。教師の歌を聴いたり、手拍子をする様子を見たりする中で、繰り返しの歌詞やリズムがあることに気付き、自分でもやってみようと声を出したり、手を叩いたりして音楽活動を一緒に楽しもうとするような姿と言えるでしょう。この段階では、拍やリズムが合っているかということよりも、その拍やリズムを感じて演奏を楽しんでいることを大切にし、子供が自ら音楽活動に関わろうとする力を養っていく必要があります。

また、友達や教師の表現を見たり聴いたりする場面を多く設定し、周りの人と協働して音楽活動をする楽しさを感じていくことも大切です。

（3）小学部3段階

小学部3段階は、曲の速さや強弱、曲名や歌詞と曲の雰囲気との関わりについて意識し

つつ、自分がどのように歌ったり演奏したり、音楽をつくったりしたいかなど、自分の思いをもって表そうとすることをねらいとする段階です。

　例えば、「さんぽ」という曲は、曲名の通り、散歩を題材とした曲で、行進曲風の曲調であるとともに、歌詞には「わたしは元気」「どんどんいこう」などの言葉が出てきます。このような曲調や歌詞から、楽しく散歩をしているように歌いたいという思いをもち、大きな声でハキハキと歌うように表現を工夫し楽しもうとするような姿を目指します。

　また、小学部3段階は、友達の声や演奏を聴きながら、それに合わせて歌ったり演奏したり一緒に体を動かしたりするなどの活動を通して、複数の音が合わさる美しさや一緒に音楽活動をする一体感を感じることをねらいとする段階でもあります。そのために、例えば、器楽分

あるこう
あるこう
わたしは
げんき〜♪

小学部3段階で目指す子供のイメージ

音符を文字で表した楽譜を見て演奏

野では、タンブリンやウッドブロックなどの打楽器に加え、リコーダーや鍵盤楽器などの旋律楽器についても取り扱い、楽器の絵を順番に並べて書いた絵譜や「どみどみ」など文字で音符を描いた簡単な楽譜などを見て、リズム演奏や初歩的な合奏などができる技能を養っていくことが求められます。さらに、鑑賞においては、リズムや旋律、速度などが親しみやすい曲を聴く活動を通して、楽器の音色やリズム、旋律などの音楽を形づくっている要素を聴き取ったり、それらがもたらす曲のよさや面白さ、美しさを感じ取ったりすることで、様々な曲への関心を広げていくことを目指します。

（4）次のステップへ

　中学部1・2段階では、小学部を通して、音楽を形づくっている要素とそれらがどのような働きをするのかについて捉えていた学習が、複数の要素の複合的な関わりや、曲全体を通しての変化や旋律の重なりを捉えることへと広がります。また、小学部での音や音楽を受け止め、感じたことを表現する段階から、自分はどのように表現したいかを考えながら、主体的に表現していく段階へと向かっていきます。その際、小学部段階では自分が感じたことを大切にしながら自由に表現していましたが、中学部では、小学部での学習を生かし、音楽表現を工夫する根拠を曲の特徴に求めて表現をつくり出すことへとステップアップしていきます。教材も、日本の伝統音楽や諸外国の音楽や楽器など、多様な音楽に触れる学習へと広がっていきます。

第2節　音楽科の授業づくりのポイント

1　音楽科の観点からの実態把握と育てたい力の明確化

（1）音楽科の観点からの実態把握（観点別学習状況評価）

❶　学習段階の押さえ

　まずは、他教科と同様に、対象の子供が知的音楽科のどの学習段階にいるのか、おおよその見当をつけましょう。Aさんは、日常生活の中で音や音楽が流れると身体の動きを止め、じっと耳を傾ける様子が見られるから、小学部1段階あたりではないか。B君は、童謡の歌詞の一部を口ずさんだり、音楽のリズムに合わせて手を叩く教師を模倣しようとしたりする姿が見られているから、小学部2段階あたりではないか。Cさんは、身近な曲を一曲通して歌えたり、その曲の歌詞に合わせて声の大きさを工夫したりしている姿が見られているから小学部3段階あたりではないかというように考えていくとよいでしょう。

❷　観点別評価による捉え

　おおよその学習段階を押さえたら、今度は細かな学習の習得状況を見ていきます。学習指導要領には、音楽科の学びのつながりを踏まえ、各段階における指導事項が示されていますので、対象とする子供の学習段階に示されている指導事項ごとに観点別学習状況の評価をしていくとよいでしょう。音楽科は「A表現」「B鑑賞」の二つの領域及び〔共通事項〕という内容の構成になっており、「A表現」には「音楽遊び」（小学部1段階のみ）、「歌唱」「器楽」「音楽づくり」「身体表現」の五つの分野ごとに「知識」「技能」「思考力、判断力、表現力等」に関する指導事項が、「B鑑賞」には「知識」「思考力、判断力、表現力等」に関する指導事項が、〔共通事項〕には、表現及び鑑賞の学習において共通に必要な「知識」「思考力、判断力、表現力等」に関する指導事項が示されています。

　ここで、小学部1段階の評価を例に挙げます。例えば、小学部1段階の「A表現」における「思考力、判断力、表現力等」に関する指導事項には、「音や音楽遊びについての知識や技能を得たり生かしたりしながら、音や音楽を聴いて、自分なりに表そうとすること」と示されています。「音や音楽遊びについての知識」とは、表現する音や音楽に気付くことであり、「音や音楽遊びについての技能」とは、音や音楽を感じて体を動かす技能や楽器の音を出す技能、声を出す技能です。「知識や技能を得たり生かしたり」とあるように、音や音楽を聴いて自分なりに表そうとするためには、その過程の中で新たな知識や技能を

習得することと、これまでに習得した知識や技能を活用することの両方が必要です。したがって、音や音楽への気付きはどの程度かという「知識」の習得状況と、音楽が流れている中でどの程度声を出したり、楽器を鳴らしたり、体を動かしたりしているかという「技能」の習得状況と合わせて評価していくことになります。

また、子供がどのような知識・技能を働かせているのかを捉えるためには、「音楽を形づくっている要素」に目を向ける必要があります。知的音楽科の内容の一つである「共通事項」には、「音楽を形づくっている要素」として、音色やリズム、速度、旋律、音の重なりなど（音楽を特徴づけている要素）や、反復、呼びかけとこたえなど（音楽の仕組み）と示されています。子供が音楽に出会った際に、音楽を形づくっている要素の何を聴き取ってどのように心を動かしているのか、それに対して子供自身がどこまで気付き、その上でどのように表そうとしているか、聴こうとしているかを評価していきます。

太鼓の音色と振動を味わう

さらに、評価においては、音や音楽が流れているときだけではなく、音や音楽が止まったときにどのような様子かも併せて見ていくとよいでしょう。音や音楽が流れているときと流れていないときの様子とを比べることで、子供たちが音や音楽の何に気付き、どのように表そうとしたり聴き入ったりしているかが見えてきます。

なお、「学びに向かう力、人間性等」に関する指導事項は示されておらず、「学びに向かう力、人間性等」の涵養についての「主体的に学習に取り組む態度」の観点

音楽が流れていることに気付き、声を出している

からの評価は、学習対象である音や音楽への向き合い方、教師や友達と一緒に音楽活動をすることへの取り組み方などを評価していくことになります。

（2）年間を通して育てたい力の明確化

観点別学習状況の評価を踏まえ、年間を通して音楽科で育てたい力を明確にしていきます。育てたい力の明確化とは、音楽科の目標に示されている資質・能力を、その子供の実態に照らして具体化することです。音楽科は、「生活の中の音や音楽に興味や関心をもって関わる資質・能力」を育むことを目標としていますので、生活場面でこのような姿を見せてほしいという具体的な姿を想定しつつ、考えていくとよいでしょう。

小学部のDさんを例に考えてみましょう。Dさんは、教師がピアノなどを演奏したり歌ったりすると体の動きを止めて音源に視線を向けたり、穏やかな表情を見せたりします。教

室にあるキーボードに自ら近寄って鳴らし、耳を近付けたり笑顔を見せたりしながら聴く様子も見られていますが、一方で、キーボード以外の楽器や初めて聴いた音には顔を背けて怖がる様子があります。歌や楽器の演奏の場面では、教師の表現を聴いていることが中心で、Dさん自身が声を出したり、楽器に手を伸ばしたりすることは少ないです。このようなDさんの様子を、以下のように観点別に評価しました。

Dさんの観点別学習状況の評価

知識・技能	思考・判断・表現	主体的に学習に取り組む態度
教師の音楽表現を聴いたり教室のキーボードを鳴らして楽しんだりしており、聴こえてくる音や音楽、または自分が表現した音や音楽への気付きがある。	キーボードの音色を聴き取り、そのよさを感じて自分でも鳴らすものの、その他の音や楽器の音色を受け入れられない。	聴こえてきた音や音楽をよりよく聴こうと耳を近づけたり音源に注目したり、自ら音や音楽に関わろうとしており、教師と一緒に音楽活動をすることの楽しさを感じつつある。

　この評価を踏まえ、Dさんに音楽科で年間を通して育てたい力を検討していきます。例えば、「音や音楽を聴くだけではなく、自分で表す楽しさも実感することで、より音や音楽への興味・関心を広げていきたい」などが考えられるでしょう。そして、簡単に鳴らせる楽器などを活用しながら、Dさんが自分で音を生み出したり、その音をしっかり受け止めながらじっくり聴いたりすることを繰り返す中で、音の面白さや美しさに気付き、もっとよく音を聴いてみよう、もっと鳴らしてみたいなどと音楽活動を楽しむことへとつなげていこう、のように具体的な指導の方向性を考えていきます。

2　単元を構想するポイント

（1）取り扱う音や音楽の選び方

　音楽科は音や音楽を学習対象とする教科ですので、その学習対象である音や音楽の選定は最も重要と言ってもいいでしょう。子供が、音や音楽に興味・関心をもって聴き深めたい、表現したいと思えるような音や音楽を教材として選ぶことが必要ですが、その選定においては、音楽を形づくっている要素に着目することが大切です。先にも述べたように、音楽は音色やリズムなどの様々な要素で形づくられています。思わず体を動かしたくなるようなリズミカルな音楽、教師との掛け合いの中で自然と声を出したくなるような呼びか

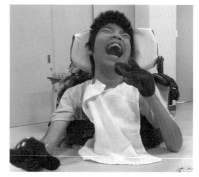

子供が「聴き深めたい」「表現したい」と思える音や音楽の選定が重要

けとこたえがある音楽、心が落ち着くような和音の響きや旋律が美しい音楽など、子供が音や音楽のよさや面白さ、美しさを感じることができる音楽を形づくる要素は何かという視点で考えていくとよいでしょう。

（2）心を揺さぶる音楽活動

　子供が、音や音楽に興味・関心をもち、主体的に表現や鑑賞の活動に取り組むためには、音や音楽によって心が動かされる体験を積み重ねていくことが必要です。

　子供は、流れている音や音楽に気付いて耳を傾けたり、教師と一緒に歌を歌ったり、友達と楽器を演奏したりすることを通して音や音楽と出会います。そのときに心が躍ったり、揺れ動いたり、落ち着いたりするなどの様々な心情を味わう体験を通して、その音や音楽のよさや面白さ、美しさに気付き、自分なりの思いをもちます。その体験が、次に音楽をもっとしっかりと聴こうとすること、一曲のなかでも聴きたい部分ができること、歌いたい部分ができること、リズムを意識して演奏することなどにつながっていくのです。そのためには、取り扱う音や音楽の選定と同様に、心に響くような音楽活動を設定することが重要になってきます。例えば、様々な歌声が重なり合う混声合唱を聴く、行進曲を聴きながら教師と一緒に歩く、海の曲を聴きながら波のように揺れる、教師や友達と一緒に歌ったり楽器を演奏したりしたものを動画で振り返り称賛を受けるといった様々な音楽活動を設定することが考えられるでしょう。子供の心に届く、心を揺さぶる音楽の授業を創っていきましょう。

振るときれいな音が鳴って面白い！

音楽に合わせて先生とハイタッチ

単元名▶「いろいろな『ふるさと』を聴いてみよう」

音や音楽の変化に気付き
関心や興味をもって聴く力を育む実践

1 子供の実態

（1）日常生活における音や音楽との関わり方

　対象は、中学部第1～3学年の生徒4名（A～Dさん）です。発達の初期段階にある生徒たちで、全員が車いすを使用しています。日常生活で音や音楽が聴こえてくると、身体の動きを止めて耳を傾けたり、音のする方向に視線を向けたり、笑顔を見せたりします。発達段階に幅があるため、個別の手立てや配慮を工夫しながら、知的音楽科小学部1段階の目標・内容を扱い、集団での指導を進めています。

（2）観点別評価

　日常生活や音楽の授業での様子を基に、音楽科の学習状況を観点別に捉えました。

　表1は、Aさんの例です。

表1　Aさんの観点別学習状況

知識・技能	思考・判断・表現	主体的に学習に向かう態度
教師の歌声や楽器の演奏、CDの音楽などが流れると、身体の動きを止めて聴いたり、表情を変えたり、手足を動かしたりする。曲の盛り上がりの部分で全身を伸展させたり、笑顔を見せたりする。手を伸ばす動きで、マラカスやツリーチャイムを鳴らす。	音の高低や強弱、音の重なりを聴き取り、高い音や音の重なりが聞こえると目を見開いたり、笑顔を見せたりする。音や音楽が聴こえると、顔を上げて聴き入る様子がある。自分から声を出したり、楽器に手を伸ばしたりして音楽表現するまでに時間がかかる。	音楽を聴くことに興味・関心をもち、教師の歌声をにこやかな表情で聴く。教師の支援を受け止めて楽器を鳴らす。目の前の楽器に自分から手を伸ばすといった自発的な表現はまだ少なく、友達や教師の音楽表現を受け止めていることの方が多い。

2 単元の開発

（1）単元の構想

❶ 日常生活場面で目指す姿

　本事例では、日常生活場面において、「様々な音や音楽に触れる中で、自分にとって好きな音や音楽を見付け、自分の表現した音や音楽に気付く姿」「心が揺れ動かされるような音楽に触れ、感性を働かせる中で、友達や教師と一緒に表現する過程を楽しむ姿」を目指して指導することにしました。

❷ 単元のアイディア（着想）

　本事例では、単元で取り扱う曲を1曲にし、生徒たちが様々な生演奏の音を聴くことに注意を集中し、「次は何だろう」と期待をもたせる授業展開を行うことにしました。また、自分から楽器の音を鳴らしてみたいという気持ちを引き出したいと考えました。

❸ 教材の選定

　曲は「ふるさと」（文部省唱歌）を選曲しました。懐かしさや温かみを感じ、盛り上がる箇所があります。また、二部合唱の鑑賞で声の重なりと響きを味わうことができます。音域は狭いですがおおらかな旋律で歌いやすく、メロディーが簡単で生徒が捉えやすいという利点もある曲です。

　生徒が演奏する楽器は「ツリーチャイム」を選定しました。ゆったりした伴奏の雰囲気にツリーチャイムの響きが合い「ふるさと」の曲想に合います。対象の生徒の小さな動きでも鳴らすことができ、音が響き続けるので音への気付きと関心を向けやすいでしょう。生徒に合わせて楽器の位置を工夫しやすいといった利点もあります。

❹ 指導の仕掛け

　本単元においては、次の6点の仕掛けを用意しました。1点目は、「環境の設定」です。対象の生徒たちは、音の刺激が多いと集中が途切れてしまうところがあるので、静けさの中で聴かせたい音に集中をさせ、生徒が鳴らしてみたいと思う楽器に向き合い集中できる環境設定が必要だと考えました。そこで、音の刺激を精選し、余計な音を出さず音の取扱いに十分配慮するようにしました。また、車いすに座ると頭部が前に倒れて聴く姿勢がとりにくい生徒がいるため、クッションチェアに座り、個々に合った姿勢をとり、補装靴を脱いで手や足を動かしやすくしました。クッションチェアに座ると、リラックスした姿勢で音楽を聴ける利点があります（写真1）。

　2点目は、「音に注意を向けることができる授業展開」です。生徒にとって聴き慣れた教師の声のハミン

写真1　クッションチェアに座って聴いている場面

グから始めることにしました。歌詞を交えた声よりも、音程だけで歌うハミングの方が生徒には音程と声が耳にダイレクトに入るので、聴き取りやすいと考えました。また、臨場感を感じられるように教師が生徒の側で歌うようにしました。歌唱だけに集中できるよう、ピアノ伴奏は入れないようにしました。

　3点目は、「音色、音の重なりへの気付きを促す工夫」です。歌唱をハミングから始めてしだいに声が重なるようにし、ハミング → 独唱 → 斉唱 → 二部合唱 → 混声二部合唱と進め、歌声を区切らずにつなげて聴かせるようにしました。また、同じ楽曲を歌唱に加え楽器（箏・ピアノ）で演奏することで、音色の違いや楽器演奏の迫力を感じられるようにしました。同じ曲でも演奏方法が違うことで感じ方が変わり、音の変化に気付きやすくなると考えました（写真2）。

写真2　箏の「ふるさと」を聴いている場面

　4点目は、「自分の表現への気付き」です。ツリーチャイムを生徒一人だけで演奏する活動を行いました。自分が鳴らした音に向き合い、音を感じて気付く活動を十分に行った後で、ピアノ伴奏の音を聴きながら音を鳴らす楽しさを味わえるようにしました。

　5点目は、「協働する楽しさ」です。授業の最後に全員で演奏するようにしました。友達や教師と一緒に音楽表現をする楽しさを感じることができるように設定しました。全員で音を鳴らすと音が大きくなるので、全員合奏は最後だけにすることがポイントです。

　6点目は、「伴奏の工夫」です。楽器演奏のときには、「ふるさと」を4分の4拍子から8分の6拍子に編曲し、生徒が表現した音に対して呼応するような伴奏をすることで、生徒が音を鳴らしたくなるのではないかと考えました。また、ツリーチャイムの明るい響きと合うよう、ヘ長調からト長調への編曲も行いました。

（2）指導計画

❶　単元の目標と評価

　単元の指導目標は、「いろいろな歌声や箏・ピアノの音色の響きに気付いて、好きな音や音楽表現を見付ける」「自分が鳴らしたツリーチャイムの音に気付き表現する」です。評価規準は、表2のように設定しました。

表2　単元の評価規準

知識・技能	思考・判断・表現	主体的に学習に取り組む態度
・音色や音の重なりの違いに気付く。 ・自分の表現した音に気付く。	・特定の歌声や楽器の音色に対して自分なりの聴き方をする。 ・自分なりの表現で楽器を演奏する。	・自分から楽器を鳴らし楽しんでいる。

❷　指導計画

　5単位時間の単元としました。毎時間、前半は様々な「ふるさと」を聴く活動で、後半は楽器「ツリーチャイム」を演奏する活動を行いました。

3　単元の展開

（1）指導の経過

　最初は、歌唱の違いには気付いていない様子でしたが、しだいに女性の歌声に男性の歌声が入るところで、音の重なりに気付いて笑顔になったり、音のする方向に視線を向けたりする生徒が出てきました。ツリーチャイムの演奏では、ピアノの伴奏に聴き入ってしまい動きが止まってしまう生徒もいましたが、楽器に触れると自分から音を鳴らす生徒や、楽器を鳴らしながら一緒に声を出す生徒も見られるようになりました。

（2）単元における観点別学習状況の評価

　単元で見られたAさんの様子を以下に記します。

　まず、「知識・技能」については、ハミングから始まり様々な歌唱を聴いてから、箏やピアノの生演奏を聴く過程の中で、同じ曲でも様々な音色を聴き、「次はどんな音が聴こえるのだろう」という期待感をもったように見えました。より注意深く音を聴こうとする様子が見られました。また、その過程で、混声二部合唱で男性の声の方向に視線や顔を向けて、声の違いを聴き取る様子が見られたり、ピアノ演奏で、高い音が響いたり曲が盛り上がるところに気付き、全身を動かしたり声を出したりして、感じ取っていました。これらの様子から、音色や音の重なりの違いに気付くことができたと評価しました。

　「思考・判断・表現」については、上記の過程の中で、音色や音の重なりの違いに気付き、音の違いを捉えようとする動きが見られたり、箏の音を聴きたいという自己表現をすることができたり、友達の演奏にも耳を傾けて聴いて楽しもうとしたりする様子が見られました。これらの様子から、特定の歌声や楽器の音色に対して自分なりの聴き方をしていたと評価しました。

　「主体的に学習に取り組む態度」については、ソロ演奏のときに、自分が鳴らすツリーチャイムに向き合い自分から鳴らしていたことや、ツリーチャイムの演奏では、自分の音とピアノ伴奏の音の両方に注意を向けることができたこと、その中で、ピアノ伴奏が盛り上がるところで、自分からツリーチャイムを鳴らして楽しむ様子も見られました。これらの様子から、自分から楽器を鳴らし楽しんでいたと評価しました。

4 単元を終えて

（1）結果と考察

　本実践においては、Aさんのほかにも歌唱の音の重なりに気付いて笑顔になる、箏の音が聴こえると身体の動きをピタリと止めて箏の音に聴き入る、ピアノの音の重なりに気付いて両手を動かす、ツリーチャイムをもっと鳴らしたくて自分から触れて楽しんでいるといった様子が見られました。このような結果となった要因として、次の3点が考えられます。

　1点目は、音楽科で身に付けたい資質・能力として、生活の場面で生かされている具体的な姿を想定したことです。具体的な姿に焦点を当てることで、どのような指導の仕掛けをする必要があるのかが明確になり、友達の声や教師の声に反応して一緒に声を出すなど、生活の中での音や音楽に注意を向けて、聴こうとする様子の芽生えにつながったと考えます。

　2点目は、教材の選定で、単元で取り扱う曲を1曲にしたことです。重度の肢体不自由の生徒たちにとって、同じ旋律の曲をいろいろな演奏法で聴くことで、曲の変化や違いに気付くことができ、聴き取りやすいので、音楽に気持ちを集中させることに効果があったのではないかと推測しています。

　3点目は、指導の仕掛けを6点行ったことです。特に、環境の設定を工夫したことで、従前の音楽の授業に比べ、生徒の身体の動きが少なく、音楽に耳を傾けていると思われる状態が多かったです。生徒の身体の動きが少なかったことは、音楽に注意を向けていることを表しているものと考えます。この授業の対象の生徒にとっては、与える情報を精選する必要があることが示唆されました。また、伴奏の工夫においても、生徒が自ら楽器に触れるのを待つとともに、生徒が楽器に触れて出した音と同じような音を教師がピアノで伴奏して返したところ、さらに自分から楽器に手を伸ばして音を鳴らそうとする様子が見られました。生徒が鳴らした音をフィードバックすることで、生徒は自らが表現した音に気付きやすくなるとともに、自分の表現に相手が応えてくれることを感じ、「もっと音を鳴らしてみよう」と表現する意欲をもつことにつながったと考えます。

（2）反省と改善・発展

　障害の重い子供に対する音楽指導においては、子供が音や音楽に気持ちを集中して活動を楽しめるよう、様々な配慮を行うとともに、指導改善を常に心掛ける必要があります。また、教師と生徒の音楽を通したやり取りにおいて、子供の発した音や音楽に応じて伴奏したり、生徒がピアノ伴奏に耳を澄まして、思わず音を鳴らしたくなるような伴奏をしたりする工夫も大切であり、まだまだ試行錯誤しながら行っています。今後も、子供たちが、音楽を聴き表現したことをしっかり受け止める音楽の授業づくりを追求していこうと思います。

| 小学部2段階 | 単元名 ▶「音をつないで音楽をつくろう」 |

いろいろな音を見付け
音楽表現を工夫する力を育む実践

1 子供の実態

（1）日常生活における音や音楽への関わり方

　対象は小学部第4学年3名、第6学年2名です。5名の日常生活における音や音楽への関わりの特徴としては、次のようなことが挙げられます。

　Aさんは、カスタネットやウッドブロックなどの打楽器やキーボードなどの鍵盤楽器の奏法が分かり、鳴らしたり弾いたりすることができます。また、日常生活の場面で、コインを何度も落としてその音に笑う姿が見られます。Bさんは、曲の一部分を歌うことができます。また、思わず歌詞を口ずさむことがしだいに多くなってきており、自ら表現しようとする気持ちが高まりつつあります。Cさんは、正しい音程で歌うことができ、キーボードなどの鍵盤楽器を、手指を滑らかに動かして弾くことができます。しかし、自ら歌いたい曲や弾きたい楽器を選ぶときは友達の意見に同調することが多く、自分の思いを主張することは多くありません。5名には、日常生活の中の特定の音に気付いたり、楽器を演奏したり、歌の一部分を歌ったりする力が備わってきています。その一方で、子供たちは自ら歌を歌ったり楽器を演奏したりすることが多くありません。

　このような実態から、音楽の授業では、音の面白さに気付き、音を出そうとする思いをもち、表現することを目指す知的音楽科小学部2段階の目標・内容を扱う段階であると考えました。

（2）観点別評価

　音や音楽への関わりの様子を基に、音楽科の学習状況を観点別に捉えました。5名のうち、Cさんの評価が表1です。Cさんは正しい音程で歌うことができ、キーボードなどの鍵盤楽器を、手指を滑らかに動かして弾くことができます。知識や技能は備わってきていますので、音を出そうとする思いをもち、表現する力を身に付ける必要があると捉えました。

表1　Cさんの観点別学習状況

知識・技能	思考・判断・表現	主体的に学習に向かう態度
・正しい音程で歌うことができる。 ・いくつかの打楽器や鍵盤楽器の奏法を理解し、弾いたり叩いたりすることができる。 ・鍵盤楽器や弦楽器などの音程の違いに気付く。	・歌う曲や演奏する楽器を決めるときには、自分の意見を言うことは少なく、友達の意見に同調することが多い。	・楽器をどうやって弾いたらよいか教師に聞くことが多い。自ら試しながら演奏することが少ない。 ・歌謡曲などの知っている歌は自信をもって歌う様子が見られる。

2 単元の開発

（1）単元の構想

❶ 日常生活場面で目指す姿

　学習状況から、子供たちは楽器の鳴らし方や叩き方を理解して演奏したり、楽器の響きに聴き入ったりする姿が見られてきています。例えば、楽器を何度も鳴らして音の響きを確かめようとする様子が見られます。また、子供たちの多くは、音楽室にある様々な楽器に興味をもち、触れたい、演奏したいとの気持ちを教師に伝えてきます。しかし、子供によっては、楽器を選

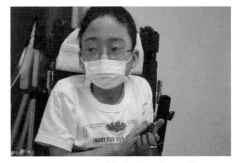

写真1　C児が打楽器を鳴らす様子

ぶ際に、自らの意思ではなく、友達に同調する様子がよく見られました。

　彼らには、楽器による音の響き方の違いにもっと気付いたり、友達同士で音を聴き合ったりして、音そのものの面白さに気付いてほしい、その過程で好きな音や楽器を見付けてほしいと考えました。

❷ 単元のアイディア（着想）

　目指す姿を実現するためには、音の違いを聴き分けたり、自分の好きな音を探したりする活動を通して、自分にとって価値ある音を見付ける必要があると考えました。例えば、トライアングルやチャイムなどの金属でできている楽器は長く響く、ウッドブロックやギロ、クラベスなどの木でできている楽器は響きが短いなど、材質によって音の響き方に違いがあることに、子供たち自身が気付いていくことを期待しました。その中で、自分の好きな音を探しながら見付けていってほしいと思いました。そこで、楽器による音の響き方の違いに気付いたり、友達同士で音を聴き合ったりして、音そのものの面白さに気付いていけるように、音をつなぐ（音のリレー）活動を行うことにしました。

❸ 教材の選定

　教材は、学習指導要領に身近な打楽器などとして示されている楽器を取り上げることに

しました。カバサ、鈴、カスタネット、タンバリン、ウッドブロック、ギロ、トライアングル、クラベス、トーンチャイム、エナジーチャイムなどを選定しました（写真2、写真3）。

写真2　クラベス

写真3　エナジーチャイム

❹　指導の手立て

指導の手立てとして、次の3点に取り組みました。1点目は、子供たちが演奏の仕方のみにとらわれることなく十分楽器に触れ合う時間を、毎時間確保することです。彼らが音楽室に入る前に、その日に使用させたい楽器を置いておき、休み時間の延長のような形で各々が自由に音を楽しむことを授業の導入にしようと考えました。

2点目は、子供の発言や楽器と触れ合う様子から、「この音はなんだか面白いな」といった思いを共有し、子供が自ら表現したいと思えるように関わることです。また、導入時に自由に楽器に触れた際に選んだ楽器を、展開部で用いて、自ら表現したい気持ちを促したいと考えました。

3点目は、学習活動の流れは毎時間同じであっても、決まった曲に合わせて鳴らす型にはまりがちな活動内容ではなく、子供が即興的に演奏できるようにすることです。それにより、自身が「どんなふうに鳴らしたらいいの？」との受け身的な態度で活動に臨むのではなく、「この音響いて面白いよ、きみも聴いてみて」といった主体的な態度で学べるのではないかと考えました。

（2）指導計画

❶　単元の目標と評価

指導目標と評価規準は5名同一とし、時間ごとに設定する評価基準を個別に立てて指導を進めました。指導目標は「音遊びの活動を通して、音の響き方の違いや面白さに気付き、楽しみながら表現することができるようにする」です。

評価規準は表2のとおりです。

表2　単元の評価規準

知識・技能	思考・判断・表現	主体的に学習に取り組む態度
1　声や楽器の音の響き方や音色の違いに気付く。	2　声や楽器の音の響き方や音色を感じて聴き分けたり、その場で音を選んで鳴らしたりして表現している。	3　自ら声を出したり、楽器を鳴らして聴いたり、教師や友達が鳴らす楽器の音の響きを聴き合ったりして、音楽活動に取り組んでいる。

❷　指導計画

　全8時間を表3のように計画しました。

表3　単元計画

時	学習活動
1	・声や手拍子でやり取りする（友達や教師のまね、合わせる）。 ・声や手拍子をリレーする（友達の発声や手拍子を、次の友達がまねたり変化を加えたりする）。
2	・声や手拍子をリレーする（友達の発声や手拍子を、次の友達がまねたり変化を加えたりする）。 ・楽器の音を鳴らして響きを聴く。
3〜6	・楽器の音を鳴らして響きを聴く。 ・楽器の音の響きに合わせて動く。 ・楽器の音の響きを友達と聴き合う。
7 8	・楽器の音を鳴らして響きを聴く。 ・楽器の音の響きを友達と聴き合う。 ・自分が気に入った楽器や好きな音を発表し合う。

3 単元の展開

（1）指導の経過と指導改善

　子供たちは音楽室に入ると、各々が机に並べた楽器を手に取り、とにかく触れたいという様子で鳴らしていました。予め、「楽器は大切に、落とさないようにしてね」という注意のみを伝え、鳴らし方や叩き方の指示はしないようにしました。子供たちは楽器を繰り返し鳴らして音を確かめたり、取り替えて鳴らしたりしていました。

　展開部では、導入部で各々が選んだ楽器を使って音を順番に鳴らして聴き合いました。単元の始めは、鳴らし方が決められておらず、音をつなぐことに戸惑っている様子が見られましたが、回数を重ねるにつれて、「これ電子レンジのチーンの音みたい」などと笑いながら発言して鳴らす様子も見られました。発言があった際には、「そうだね。面白いね」といった言葉をかけ、思いを共有するようにしました。

（2）指導の改善

　提示する楽器の種類を少しずつ取り替えたり、机と机の間隔を空けるなど置き場所を変えたりして、子供たちが積極的に手に取れるようにしました。単元後半から、「これ、き

写真4　楽器の音を順番に鳴らして聴き合う様子

れいな音がして好き」などと自分の好きな音を見付けたとの発言が聞かれるようになったので、似た音質の全く別の楽器を次の時間に置いておくなどして、子供が主体性をもって授業に取り組めるようにしました。例えば、トライアングルをエナジーチャイムにするなどです。その結果、「新しい楽器が置いてある！こっちの音の方が好き」と子供が自然と自分の好きな楽器を探す姿が見られるようになりました。

4 単元を終えて

（1）結果と考察

　「この楽器好き」「この音好き」「この楽器、自分の教室に持っていってもいい？」など、気に入った楽器を選ぶ発言が聞かれるようになりました。また、叩き方や叩く部分を変えたりして、音の響きを確かめる様子も見られるようになりました。集中して音を聴いている姿や、楽器を耳のそばに近付けて笑顔で鳴らす姿もありました。友達の鳴らす音に耳を澄ませたり、子供たち同士が顔を見合わせて合図をしながら音をつないだりする姿も見られました。

　子供たちは、「どうやって鳴らしたらいいの？」というような受け身な意識から自ら音をつないで音楽をつくって楽しむようになりました。これらのことから、音そのものの響きや音色に意識を向けて楽しめるようになったと評価しました。

（2）反省と改善・発展

　単元が終了してしばらくたった頃、同じように楽器を並べて自由に触れられる機会を作りました。全員すぐに楽器を手に取り、笑顔で鳴らし始めました。「どの楽器が気に入った？」と聞くと、Ｃさんはある楽器を手に取り、「これ！」と迷わず答えました。自ら音に意識を向けて表現している姿だと受け止めました。一方で、日常生活の場面で、自ら音や音楽に興味・関心をもち、音をつくるような様子は十分確認できていません。

　今後も子供たちが、音や音楽によって心が動かされる体験を積み重ねていけるような音楽活動を考え続けていきたいと思います。

第7章

体育・保健体育科の
授業づくり

体育・保健体育科で育む力

1 体育・保健体育科で育む力

（1）体育・保健体育科の目標

　特別支援学校小学部・中学部学習指導要領の知的障害者である児童に対する教育を行う特別支援学校の各教科に示されている体育科（知的体育科）小学部の目標は次のとおりです。

　体育や保健の見方・考え方を働かせ、課題に気付き、その解決に向けた学習過程を通して、心と体を一体として捉え、生涯にわたって心身の健康を保持増進し、豊かなスポーツライフを実現するための資質・能力を次のとおり育成することを目指す。

⑴　遊びや基本的な運動の行い方及び身近な生活における健康について知るとともに、基本的な動きや健康な生活に必要な事柄を身に付けるようにする。

⑵　遊びや基本的な運動及び健康についての自分の課題に気付き、その解決に向けて自ら考え行動し、他者に伝える力を養う。

⑶　遊びや基本的な運動に親しむことや健康の保持増進と体力の向上を目指し、楽しく明るい生活を営む態度を養う。

　体育科の目標には、運動領域と保健領域が示されていますが、本稿では運動領域に焦点をあてて言及します。体育科では、運動の面白さに気付き、自分にとって好きな運動を見いだし、それを日常の中で「する・みる・支える・知る」という多様な関わり方を求めていくことで、豊かで活力に満ちた人生となることを目指します。これを一言で言えば、「豊かなスポーツライフの実現」と集約することができます。

（2）体育・保健体育科で見られる難しさ

　障害が重い子供の場合は、身体活動が見られにくく、動きもわずかなことが多いです。自発的に動かせる部位も子供によって違いがあります。全面的に介助を要することから、日常生活の中で自ら外界に働きかける機会が少なくなり、姿勢や筋・関節の動き、聴覚や視覚等の感覚・運動機能の発達に停滞・偏りが見られる場合があります。そのため、教師が同じように働きかけても、子供の表出の有無や程度が個々によって異なります。できる動きや受け止めやすい感覚を生かして運動の実践につなげたいところですが、子供の動きや表出が微細なことから、その把握に難しさがあると言えます。これは、自ら運動することができる重複障害の子供の場合でも同様です。上肢は動かせるが下肢は動かしにくい、

左右どちらか片方に動かしにくさがある等、個々によって動きに偏りがあり、丁寧な観察が必要です。また、筋疾患がある子供の場合には運動負荷の過多による筋損傷、骨に疾患がある子供の場合には衝撃による骨折というように、動くことで生じ得るけがに対して個別的な配慮も必要です。運動に進んで取り組めるようにするには、運動の順序や結果が分かりやすいことが大切ですが、その理解を促すには子供が保有する感覚・運動機能や認知の状態の把握が大切です。

こうした子供の感覚・運動機能等の把握を基に、学習指導要領で示された運動をどのように実施できるかを検討していきます。その運動が有する面白さに触れていけるよう、障害の状態や発達の段階に応じた指導を計画していきますが、その際、参考となる手引きや資料がほとんどないことから、不安感が生じる場合があります。また、学習集団の子供の人数が多くなるほど、実態差が大きくなったり、個々の学習時間が減少したりすることへの対応が必要となります。一斉指導だけでなく、個別指導や課題別のグループ指導を用いることになりますが、その際、施設の広さ、用具の数、教師の人数等を考慮しながら、実現可能な編成を求められることでしょう。

計画を基に実践し、改善を通じて障害の状態や発達の段階に合った指導へと磨きをかけていきます。実践の中で見られる子供の動きや表出が指導改善を図る手掛かりとなりますが、体育科の指導では子供も教師も動きを伴い、また広い空間で運動を実施することから、動きや表出を見逃してしまう場合が少なくありません。そして子供の動きや表出が微細な場合には、さらにその把握が難しくなります。映像記録を用いたり、ティーム・ティーチングで関わる教師間で子供の様子を共有したりする必要があります。

2 各段階で目指す子供の具体的な姿

豊かなスポーツライフの実現に向けて、子供の障害の状態や発達の段階に応じて、「知識及び技能」「思考力、判断力、表現力等」「学びに向かう力、人間性等」の三つの資質・能力を育成していきます。ここでは、小学部の各段階について詳しく述べ、中学部以降の姿を簡単に述べることにします。

(1) 小学部1段階

小学部1段階では、自発的な身体活動が乏しく、全面的に介助を要することで得られる身体感覚が限定的になりやすいです。しかし、教師と一緒に動くことによって、様々な身体感覚や状況の変化を感じることができます。そうした楽しさや心地よさを積み重ねていくことで、教師と一緒に動くことを好み、体を動かそうという気持ちを育むことを目指していきます。

そのためには、簡単な合図や指示を知り、教師から身体への働きかけを受けながら動い

ていける力、様々な身体感覚や状況の変化を感じ取り、その楽しさや心地よさを確かめ、表情・身振りで表現する力、運動の始まりと終わり（動くことへの期待）を意識し、教師と一緒に運動しようとする力を育成していきます。

写真1　教師が車いすを様々な速さで押すことで、子供が速さの変化を感じている様子

　例えば、車いすを自分でこいで移動することが難しい子供の場合、教師が車いすを様々な速さで押す支援を行いながら、風を切る感覚や足音の響きの違いなど、その楽しさや心地よさを感じ取らせることができるでしょう。それによって、教師と一緒に走ることを好み、進んで取り組むようになる姿を目指していきます（写真1）。

（2）小学部2段階

　小学部2段階では、教師が行う支援を少しずつ減らし、自ら体を動かしていく中で、様々な身体感覚や状況の変化を感じていけるようにします。その楽しさや心地よさを積み重ねていくことで、支援者がいなくても安全に、自ら進んで、いろいろなときに、いろいろな場所で、体を動かそうとする気持ちを育むことを目指します。また、友達と一緒に運動していることを少しずつ意識できるようにします。

　そのためには、けがをしないよう安全に運動するためのきまりを知り、教師の支援を受けなくても体を動かしていける力、様々な身体感覚や状況の変化を感じ取り、その楽しさや心地よさを確かめ、表情・身振り・言葉で表現する力、安全を意識し、自ら運動しようとする力を育成していきます。

　例えば、上肢の動きが発達してきて車いすをこぐことができそうな子供に対しては、教師が見守り励ましながら、緩衝材や木板を並べたコースを自ら移動していけるよう促していきます。移動する速さに応じて、緩衝材がタイヤで潰れる音や木板を乗り越えたときに生じる振動に違いがあり、その楽しさや心地よさを感じていきます。それによって、自らの力で走ることを好み、進んで取り組むようになる姿を目指していきます（写真2）。

写真2　車いすを速くこぐことで、緩衝材の潰れる音が大きくなることを感じている様子

（3）小学部3段階

　小学部3段階では、できるようになった動きを生かして友達と競ったり、力を合わせたりして動いていきます。その中で、どのようにすれば上手に動けるか、自ら考えたり、友

達と共に考えたりします。そうした周囲との関係性の中で、場面や状況に応じて動けるようになる楽しさや心地よさを積み重ねていくことで、友達と関わり合いながら運動しようとする気持ちを育むことを目指します。

そのためには、運動の行い方を知り、場面や状況に応じて自分の動きを発揮できる力、競争に勝ったり上手に力を合わせたりすることができるよう、これまで学習してきたことを自ら選択・調整していく力、きまりを守り場や用具の安全に気を付け、友達と楽しく運動しようとする力を育成していきます。

例えば、「だるまさんが転んだ」を行う際には、まずは、鬼が振り向いたときに止まる、止まれなかった場合はスタート位置に戻るというルールを理解して動くことが必要です。そこに、鬼に一番早くタッチできた人が勝ちという特別ルールを設けることで、友達よりも速く車いすをこげるよう、これまで学んだ上肢の動かし方を生かそうとするでしょう。

一方で、スピードを出しすぎてしまうと、鬼が振り向いたときに止まりきれず、スタート位置からやり直しになってしまいます。そこで、どれくらいのスピード感がよいかを調整しながら動いていくことで、一番にタッチすることができるようになります。このように工夫しながら、場面や状況に応じて動けるようになる楽しさや心地よさを感じていくことで、友達と楽しく運動しようとする姿を目指していきます（写真3）。

写真3　鬼が振り向いたときに止まれるよう、車いすをこぐ速さを調節しながら前進している様子

（4）次のステップへ

小学部段階では、楽しく体を動かせるよう、障害の状態や発達の段階に応じて、その学習集団で楽しむことができる運動遊びや運動を設定します。続く中学部段階では、世界共通の人類の文化である、スポーツの学習を取り入れ始める段階となります。ルールという共通の約束事を学ぶことや、ルールのもとに発揮される技能を身に付けることで、誰とでもスポーツを通じた交流ができる可能性が広がり、より豊かなスポーツライフへ発展していくことを目指します。そして、我が国固有の文化である武道も取り扱っていきます。

また、運動・スポーツを行う喜びに触れる・味わうことが、中学部段階では求められてきます。「喜び」とは、今すぐにはできないけれども、頑張ればできるようになるという難易度の課題を設定し、その課題解決に向けて、他のやり方を試してみたり、粘り強く取り組んだりしていく中で、できるようになる達成感や成就感を得ることを意味しています。運動やスポーツに対して、面白さを感じていけるようにすることが重要となります。

1 体育・保健体育科の観点からの実態把握と育てたい力の明確化

（1）体育・保健体育科の観点からの実態把握（観点別学習状況評価）

❶ 学習段階の押さえ

　まずは、対象の子供がどの学習段階にいるのか、おおよその見当を付けましょう。例えばAさんは、自発的な身体活動が見られにくいものの、教師と一緒に動くことで表情や身振りで表出が見られることから、小学部1段階と捉えました。Bさんは、教師と一緒に動くことで得られる身体感覚や状況の変化に楽しさを感じており、その変化を自ら得ようと動こうとしていることから、小学部1段階から2段階へ差しかかっていると捉えました。

❷ 観点別評価による捉え

　おおよその学習段階を押さえたら、今度は細かな学習の習得状況を見ていきます。「知識・技能」「思考・判断・表現」「主体的に学習に取り組む態度」の各観点から見ていきます。AさんとBさんについては、表1のように捉えました。

表1　AさんとBさんの観点別評価による捉え

	知識・技能	思考・判断・表現	主体的に学習に取り組む態度
A	自分一人でできる動きが少なく、言葉掛けや見本の提示で自分から運動することは難しい。	全身で振動、揺れ、回転を感じる動きでは、表情や身振りで表出が見られやすい。	スタートの合図に対して、顔を上げる様子が見られるときがある。
B	教師の支援を受けながら動こうとすることを好む。車いすをゆっくりこいだり、ボールを転がしたりする等の動きはできる。	投げたボールで的が倒れて音が鳴る、走ると音や振動を感じる等、自分が動くことに伴って生じる変化に対して表出が見られる。	動いたことで生じる状況の変化や結果が分かりやすいと、自ら動き出そうとする様子が見られる。

（2）年間を通して育てたい力の明確化

　観点別の学習状況の評価をうけて、年間を通して育てたい力を明確にしていきます。育てたい力の明確化とは、体育科の目標に示されている資質・能力を、その子供の実態に照らして具体化することです。その際、「縦に伸ばす－横に広げる」「残りの在学期間」という観点をもつことが重要です。「縦に伸ばす」とは、次の段階へステップアップを目指すこと、「横に広げる」とは、現在の段階の中でできることを広げる・確かめることです。

　Aさんは、発達の初期段階にあることから、横の広がりを重視し、現在の小学部1段階の資質・能力の育成に重点を置くことにしました。Aさんは小学部3年生で、高等部卒業までの残りの在学期間は十分なことから、教師の支援を受けながら楽しめる動きを他にも増やしていくことができると判断しました。もし、Aさんが高等部3年生だとすれば、残りの在学期間がわずかなことから、楽しめる動きを増やしていくより、これまで楽しめるようになってきている動きを確実にするということに重点を置くことも考えられます。Bさんは、自分一人の力でできる動きを身に付けていくという2段階への伸びを目指すのか、教師の支援を受けながら楽しめる動きを増やしていくという1段階内での広がりを目指すのかによって、育成を目指す資質・能力は変わってきます。「残りの在学期間」を考慮すると、現在Bさんは小学部3年生で、高等部卒業までの残りの在学期間は十分です。そこで、小学部2段階における資質・能力の育成を目指し、教師がいなくてもいろいろな時間・場所で体を動かすことができるようになるのではないかと判断しました。もし、Bさんが高等部3年生だとすれば、残りの在学期間がわずかなことから、教師の支援を受けながら楽しめる動きを増やすという、小学部1段階での学習に重点を置く方が、豊かなスポーツライフの実現となると判断することも考えられます。

2　単元を構想するポイント

（1）どのような運動を取り扱うかを検討する

　AさんとBさんに関して明確にした育てたい力を、どのような運動を行うことを通じて育成していくか考えます。そこで、学習指導要領解説各教科編の内容及び内容の取扱いを参照し、各運動領域から、どのような運動を取り扱うかを検討していきます。具体的に考える際の観点としては、「既習事項の確認」「児童生徒の興味・関心を生かす」「日常生活や学校外での実践へのつながりやすさ」があります。AさんとBさんを含めた学習集団を想定して考えます。

　まず、これまで実施してきた単元の既習事項を振り返り、それぞれの児童が楽しさを感じられるようになっている動きを確認します。Aさんは、教師が車いすを押しながら直進することに楽しさを感じられるようになっています。Bさんは、傾斜台に置いたボールを転がして的に当てることが自分一人でできるようになってきています。他の児童らも、走ることや的当てに対して同じような様子が見られます。既習事項を確認し、既に分かることやできることがある運動を取り扱い、学習を発展させていくことで、学習意欲を喚起しながら継続的な指導を行うようにします。これは、学習の定着を図る上でも効果的です。

　日常生活や学校外での実践へのつながりやすさという観点から考えると、走ることは、特別な用具も必要なく手軽にでき、方向、速さ、距離を調整することで、日常生活の移動

場面でも、多様な身体感覚を得られる面白さがあります。また、付添者の伴走の支援を受け、マラソン大会への参加につながる可能性があります。的当ては、ボッチャやボウリングに発展させていくことで、余暇に取り組める運動を増やすことにつながります。

　一方、既習事項を確認すると、これまで実施したものの、明確な快の表出が見られない運動があることも分かりました。例えば、「流れている音楽を感じながら動く」では、音楽を聴くということに集中して、体を動かすことに注意が向いていない様子がありました。この学習集団は小学部段階であることから、様々な運動に取り組む中で、将来子供たちが関わることが可能な運動を増やしたいと考えました。そのためには、表出が見られやすく、実施がしやすい特定の運動領域に偏らないよう留意することが大切です。

　学校外での実践へのつながりやすさという観点から考えても、音楽を感じながら動けるようになることは、特別の用具を必要とせず、障害が重度な方でも取り組みやすいフォークダンスへ発展させることができます。

（２）取り扱う運動をどのように配列するかを検討する

　ＡさんとＢさんの学習集団で取り扱う運動が決まったら、それらをどのような順番で配列していくかを検討します。その際、健康・安全に実施するための「気候への配慮」、そして学習したことを他の場面にも生かし、学習効果を高めていくための「学校行事やスポーツイベントとの関連」「単元間の関連」の観点から、具体的に考えます。

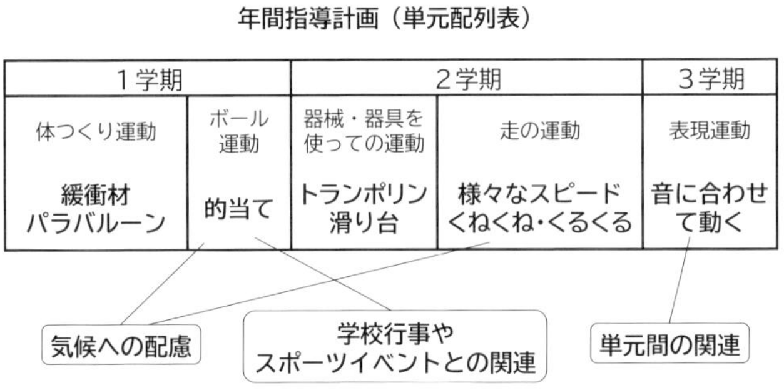

　図１は、一年間の単元配列を示しています。１学期のはじめは、緩衝材の上を走ったり、パラバルーンを行ったりします。緩衝材の上を走ると音が鳴ったり、パラバルーンの揺れで生じた風を感じたりする等、動きや状況の変化を感じ取りやすい運

年間指導計画（単元配列表）

1学期		2学期		3学期
体つくり運動	ボール運動	器械・器具を使っての運動	走の運動	表現運動
緩衝材パラバルーン	的当て	トランポリン滑り台	様々なスピードくねくね・くるくる	音に合わせて動く

気候への配慮　　学校行事やスポーツイベントとの関連　　単元間の関連

図1　単元配列の例

動を行うようにして、授業への参加意欲を高めていきたいというねらいがあります。その後は、運動会の時期と重なることから、その実施種目である的当てを体育の授業と関連させて行います。的当ては活動量を少なくすることができ、夏場の気候に配慮して行うことができます。的当ての次は、全身でダイナミックな動きを感じ取れるような運動として、２学期はまず、トランポリンや滑り台を実施していきます。その後は、冬に近付き冷えてくるため、学習集団全体で運動量が得やすい種目を当てるようにするという考えから、走る運動を行います。走るスピードや方向の違い等を加え、いろいろなバリエーションで走っていきます。こうしたバリエーションで走る動きをダンスの前段階として生かし、３学期は、音に合わせて動くことに取り組みます。

（3）障害の状態や発達の段階に応じた運動やスポーツを「する」ための設定を検討する

　次は単元を具体的に計画していきます。その際に押さえるべきポイントは、「運動やスポーツの面白さに気付くためには、「する」ことを通じた体験的な実感が重要である」ことです。ＡさんとＢさんについて、「走る」単元を例にして説明していきます。

❶　技能に関する指導事項の系統性を確認する

　学習指導要領解説内容Ｃ走・跳の運動に示されている、技能に関する内容の例示を確認します。すると、小学部１段階では、ゆっくりや速いというスピードの違いを体感し、その学びを生かして２段階では、スピードを意識して一定距離の間を同じ速さで走れるようになることを目指します。２段階の学習を生かして３段階では、短距離走と持久走でのスピードを使い分けることを目指すという、指導事項の系統性を確認することができます。

❷　現在の技能の習得状況を把握する

　Ａさんは、教師が押しながら車いすで直進することに笑顔が見られます。Ｂさんは、途中で止まりながらではありますが、車いすで自走してゴールまで直進することができます。

❸　習得を目指す技能を明確にする

　技能の指導事項の系統性と、現在の技能の習得状況を踏まえ、今回の単元でどのような技能の習得を図るかを検討します。Ａさんは、「教師の押す車いすのスピードの変化に気付けるようになる」ことを目指します。心地よく感じられるスピード感を見付けることで、教師と一緒に走ることに対してさらに意欲的になってほしいと考えました。Ｂさんは、運動機能の障害から上肢や手指に動かしにくさがありますが、「一定のスピードを維持して車いすを操作して走り続ける」ことができるようになれば、短距離走や持久走へ今後つなげていけるのではないかと考えました。

❹　習得を目指す技能を身に付けられるための場や活動を設定する

　ＡさんとＢさんでは習得を目指す技能が異なることから、課題別の場を設定することで試行できる回数を増やし、その中で個別的な指導を行う工夫が考えられます。一方で、個別的な指導に終始することは、集団がもつよさを発揮できないことになります。友達との関係性の中で自分の順番がやってくるのを期待したり、友達の動きや発する音に対して表情や身振りで表出したりすることは、社会性を育み、「みる・支える・知る」という関わり方を学ぶ機会と捉えられます。ねらいに応じて場を設定していくことが大切です。

　また、「する」活動を設定する際、競争的な活動では、ルールの理解とそれに則った行動、運動した結果の理解が求められ、障害の重い子供の場合には、習得を目指す技能をうまく引き出せないことがあります。その際は、「なんだろう？　やってみたい！」という興味・関心を促す環境・用具を用意し、本人のできる動きで参加することができ、結果や終わりが明確な活動となるようにし、自発的な動きを引き出していきます。指示や手本に合わせて動くことが難しい子供にとっても、学習意欲を喚起することにつながります。

体育・保健体育科の実践例

小学部1段階 単元名▶「滑り台で体を動かそう」

滑る心地よさを感じることを通じて
体を動かそうという気持ちを育む

1 子供の実態

（1）日常生活における様子

　対象は、重度の肢体不自由と知的障害を併せ有し、発達の初期段階にある中学部3名、高等部1名の生徒4名（以下、Aさん～Dさん）です。他人との意思疎通に困難があり、日常生活を営むのにほぼ常時介助が必要です。教師が生徒の身体へ働きかけていくことで、揺れや振動を感じ取ることができます。こうした様子から、様々な身体感覚の変化に対する楽しさや心地よさを積み重ね、体を動かそうとする気持ちを育むことを目指す、知的体育科小学部1段階の目標・内容を扱う段階であると捉えました。

（2）観点別学習状況

　体育に関する学習状況を観点別に捉えました。表1は、中学部第2学年のAさんについて捉えたものです。Aさんには、教師の支援を受けながら運動する中で、本人にとって楽しさや心地よさを感じられる動きの種類を増やしていきたいと考えました。そのためには、動く際に生じる感覚に注意を長く向けられるようになったり、始まりと終わりを意識して動くことへの期待感を育んだりする必要があると考えました。他の生徒も概ね同じような

表1　Aさんの観点別学習状況

知識・技能	思考・判断・表現	主体的に学習に取り組む態度
両手を体の近くに引き込み、自分一人でできる動きが少ない。言葉掛けや手本の提示で自分から運動することは難しい。	ボールを転がす等の微細な運動より、全身で振動、揺れを感じる動きの方が、顔を上げたり手足を伸ばしたりする様子が見られる。	自分の順番になって運動を始める前に、顔を上げるときがある。身体に力が入り姿勢が崩れることで、動きに集中しにくい様子がある。

学習状況にあると捉えました。

2 単元の開発

（1）単元の構想

❶ 日常生活場面で目指す姿

　体育科の指導を通じて動きへの意識を高めることで、車いすでの移動や姿勢変換等、日常で生じる身体感覚の変化に対して鋭敏になり、普段の生活の中から動きの楽しさや心地よさを見付けられるようになってほしいと考えました。また、体育科の指導で確かなものになった楽しめる動きを、保護者や本人に関わる周囲の支援者と共有することによって、学校外における運動実践の契機になってほしいと考えました。

❷ 単元のアイディア（着想）

　これまで、スクーターボードでの水平方向への加速や回転、シーツブランコでの揺れを体験してきましたが、重心が上下方向に大きく移動する動きには取り組めていませんでした。そこで本単元では、滑り台に取り組むことにしました。全身で大きな動きを感じることに表出が見られやすいことから、生徒の興味・関心を引き出しやすいと考えました。また、滑り降りる感覚を楽しめるようになることで、プールでのウォータースライダー、斜面や雪上でのそり遊びといった、学校外での運動実践のきっかけになることを期待しました。

❸ 教材の選定

　空気で膨らませるプール用滑り台を用いました。滑りをよくするため、滑り台に大型パラバルーンを覆い被せました。そして、スタート位置に小型パラバルーンを用意し、その上に生徒が乗って滑るようにしました（写真1）。パラバルーン同士が重なり合い、摩擦が減ることで滑りがよくなりました。

　プール用滑り台を2種類用意しました。写真2の滑り台は70cm、写真3は100cmの高さです。実施する際には、滑り台の周囲にマットを敷き詰め、生徒が滑る際には側方から教師が付き添い、滑り台の端から転落しないよう注意しました。

写真1　滑り台の様子

写真2　滑り台①

写真3　滑り台②

❹　指導の手立て

　滑り降りる感覚を受け止められるよう、安定する姿勢で行うようにしました。Aさんは仰向けの姿勢で行うようにしました。スタート位置に付いた後は、動きの始まりを意識できるよう、「はじまるよ・3・2・1・スタート」という、決まった言葉掛けで合図を行うことにしました。合図の後、生徒の乗っている小型パラバルーンを教師がゆっくりと引っ張り、いまにも滑り始めそうな状態まで進めます。その状態から、生徒がわずかにでも手足や顔を自発的に動かすことで、重心がずれて滑り出すようにしました。それによって、自分から動こうとする姿を引き出したいと考えました。下まで滑り終わった後は、その状態を少しの時間保ち、動きがなくなったことを実感できるようにしてから、「おしまい」の言葉掛けをし、終わりを意識できるようにしました。恐怖感が生じないよう、はじめは低い滑り台から行うようにしました。

（2）指導計画

❶　単元の目標と評価

　2種類の滑り台の中から、自分にとって楽しさや心地よさを感じられる滑りを見付けていけるようにしたいと考えました。そこで指導目標は、「教師の支援を受けながら動く中で、心地よい滑り方があることに気付く」とし、評価規準を表2のように設定しました。指導目標と評価規準は4名同一としました。

表2　単元の評価規準

知識・技能	思考・判断・表現	主体的に学習に取り組む態度
教師の支援を受けながら、いろいろな高さの滑り台から滑ることができる。	滑り降りる心地よさを、表情や身振りで表現している。	合図を聞いて、自分から滑り出そうとしている。

❷　単元計画

　全10時間で計画しました。1〜5時間目は、教師の支援を受けながら、低い滑り台から滑ることに取り組むよう計画しました。6〜10時間目は、教師の支援を受けながら、高い滑り台から滑ることに取り組むよう計画しました。

3　単元の展開

（1）指導の経過

　本人の自発的な動きを生かして滑り始めるようにしましたが、最初は動きが生じないことが多かったです。そこで、手足や顔の動きを引き出せるよう、生徒の体をタッピングしました。そうした支援から動きを引き出し、何回か繰り返していくことで、スタート位置に付いた後に、自発的に体を動かす様子があり、状況を理解して滑り出すことができるよ

うになってきました。

　はじめは低い滑り台からスタートしました。滑り降りた後に、顔を動かしたり、手足を伸ばしたり、笑顔になったりという様子が見られました。低い滑り台での活動を5時間分計画していましたが、動きに慣れてきて、滑った後にあまり表出が見られなくなったことから、単元の4時間目からは高い滑り台で行うことにしました。

　低い滑り台から高い滑り台に変えたことで、滑り降りる距離が長くなりました。恐怖感から、不快な様子を示す生徒もいるかと観察していましたが、本学習集団においてはどの生徒も、高いところから滑り降りる感覚をよく受け止めていました。実施に当たっては、敷き詰めているマットに隙間や段差があると、生徒の頭部や体に衝撃が加わったり、教師がつまずいたりして危険なため、安全確認を十分に行うことにしました。

（2）指導改善

　高い滑り台での活動も回数を重ねることで、その動きに慣れてきた様子が見られました。そこで、新たな滑り台を設定することにしました。滑り台①を、マットを重ねた上に設置してスタート位置を高くし、途中にロールと三角マットを使って、滑り始めたあとに水平になり再度

写真4　滑り台の工夫

滑っていくようにしました（写真4）。滑り出してからいったん減速し、再度滑っていくという変化を加えたのです。また、スタートの仕方にも変化を加えました。滑り台途中の水平部分のところで仰向けになり、ジェットコースターのように、スタート位置までゆっくり上っていくよう教師が支援しました。重心が上がるという、対となる感覚を入れることで、滑る感覚により意識を向けてほしいと考えました。

　この滑り台の単元と同時期に、Aさんの社会見学を予定していました。社会見学では、季節の変化や自然に触れること

写真5　丘滑りの様子

をテーマに公園散策を計画していたので、当日の活動の一つに丘滑りを行うことにしました（写真5）。体育での学習を日常生活に活かす機会にしたいと考えました。

4　単元を終えて

（1）結果と考察

　単元で見られたAさんの様子です。仰向けで滑り台のスタート位置に付き、教師のスタートの合図を聞くと、笑顔になることが多く見られるようになりました。手足や顔を自ら動

かし、自分で重心をずらしていくことができるようになりました。重心が下がり、いよいよ滑り始めた瞬間には、手足に力が入り、スピードの変化を感じていました。滑り終わった後には、手足の伸びや笑顔が見られました。滑り終わって次の順番を待っているときにも、笑顔や発声が見られました。こうした様子から、滑り始める心地よさを繰り返し体験することで、滑る動きを期待し、それを求めようと主体的に行動している姿だと評価しました。Bさんは、床上での座位保持が可能なことから、仰向けの姿勢だけでなく座位姿勢でも滑る機会を設けてみました。何度か行うと、スタートの言葉掛けをすると、仰向けの姿勢から自ら起き上がり、座った姿勢で滑り出すようになりました。こうした様子から、自己選択しながら運動していると評価しました。Cさんは、仰向けの姿勢から、わずかな手足や顔の動きで重心をずらし、自分から滑り出していきました。日常生活場面では、突然の大きな動きに対して、発作が起こりやすく心配していましたが、滑る活動時に発作は起こりませんでした。自分から動き出すことができたことで、滑る感覚に対して、能動的に向き合っていくことができたと評価しました。Dさんは、滑る活動を複数回繰り返すことによって、笑顔や発声が出てくることが多く見られました。感じたことを本人のペースで確かめながら、学習を主体的に進めることができたと評価しました。

　滑り台は、幼児期までの運動遊びとして、一般的に取り扱われています。対象生徒は中・高等部の年代ですが、自発的な身体活動が見られにくく、全面的に介助を要することで、十分な運動遊びの経験を積んでこなかったと推察されます。安全に配慮し、指導を工夫することで、滑る動きの面白さに気付くことができたと感じています。

（2）反省と改善・発展

　児童生徒の障害の程度によっては、滑り台のスタート位置まで自分でよじ登ったり（写真6）、座位姿勢でバランスを自ら保ちながら滑ったり、うつ伏せ等の姿勢で滑ったりしていく等、教師の支援を減らしつつ、自ら体を動かす楽しさを積み重ねていくことができます。さらに、身に付けた滑り方を生かし、友達と連なって滑ったり、誰が一番遠くまで滑っていけるかを競ったりするという活動も考えられます。それにより、小学部体育2・3段階相当の

写真6　滑り台をよじ登る

児童生徒に対しても、同じ滑り台を使った活動の中で、各段階のねらいを踏まえて指導を展開していくことが可能だと考えます。

　滑る運動は行い方次第で、運動遊びからボブスレー、チェアスキーといったスポーツまで発展できる価値があると考えます。今後に向けては、こうした滑走スポーツの要素を参考にして、カーブのあるコース設定やそりを活用する等の工夫を考えたいと思います。

| 小学部3段階 | 単元名▶「ボックスタワーをねらって倒そう」 |

よりよい動きを考え
仲間と一緒に運動しようとする気持ちを育む

1 子供の実態

（1）日常生活における様子

　対象は、中学部の生徒3名です。運動機能の障害により、日常生活動作に時間がかかることはありますが、身の回りのことは自分で行うことができます。既習事項については、言語指示や手本にしたがって行動することができますが、新たな学習になると、教師の援助が必要となります。体育での競争場面では、勝ちを意識しすぎて慌ててしまい、動きのフォームが崩れてしまったり、負けそうな状況になると諦めたり、仲間の責任に転嫁したりする様子が見られるときもあります。こうしたことから、よりよい動きを考え、他者と競争したり、仲間と力を合わせたりする楽しさや心地よさを積み重ねていくことを目指す、知的体育科小学部3段階の目標・内容を扱う段階であると捉えました。

（2）観点別学習状況

　体育に関する学習状況を観点別に捉えました。表1は、中学部1年生のAさんについて捉えたものです。Aさんには、自分の動きを場面や状況に応じて調整できるようになることで、他者と力を合わせたり競争したりする楽しさや心地よさを積み重ね、仲間と関わり合いながら運動しようという気持ちを育みたいと考えました。そのためには、どうすれば上手にできるか考えながら実践することを通じて、自信をもって身に付けた動きを発揮できるようになる必要があると捉えました。他の生徒も概ね同じような学習状況にあります。

表1　Aさんの観点別学習状況

知識・技能	思考・判断・表現	主体的に学習に取り組む態度
車いすをこいで移動できる。既習事項については、言葉掛けや手本を提示することで、動きを再現することができる。仲間と言葉を掛け合って動きを合わせたり、協力したりすることは十分でなく、自分のペースで動くことが多い。	上手に動くことができないとき、どのように動きを改善していけばよいのか、自ら考える様子があまり見られない。教師が言葉掛けをしても、同じような動きを繰り返すことが多い。	安全を意識したり、順番を守ったりしながら運動することができる。運動に対して、やってみようと挑戦する様子が見られる。競争で勝てないことが続くと、他者に対して厳しい口調になるときがある。

2 単元の開発

（1）単元の構想

❶ 日常生活場面で目指す姿

　運動をきっかけにして、学級内だけでなく、他学年・他学部の仲間と交流を図ってほしいと考えました。また、運動に対する興味・関心を高めることで、学校外で行われる運動・スポーツへの参加希望を抱いたり、テレビで放送される映像を見ようとしたりするなど、運動への関わりを自ら求めるようになってほしいと考えました。

❷ 単元のアイディア（着想）

　運動会が行われる時期と重ねて、中・高等部合同競技「倒せ！ボックスタワー」という的当て種目を考案し、体育の授業と関連させて行うことにしました。障害の程度が異なっていても、同じ種目を全生徒で取り組めるようにすることで、仲間の運動に意識を向け、交流を図ることができるようにしたいと考えました。その中で、もてる力を発揮しようと頑張る姿に対して、他のクラスの生徒や教師から、多くの応援や歓声を受けられる機会を得ることで、運動に対する興味・関心を高めてほしいと考えました。ボックスタワーの単元後は、身に付けた投げる動きを生かして、ドッジボールを行おうと考えました。その後は、東京2020パラリンピック競技大会の時期と重なることから、ボールを投げたり捕ったりするドッジボールの学習を生かし、ゴールボールを題材にパラリンピック種目を学ぶように考えました。

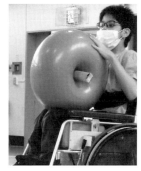

写真1　使用したボール

❸ 教材の選定

　フィットネス器具である、ドーナツ型バランスボールを用いることにしました（写真1）。投げるときに上手に力を加えるとタイヤが転がるように進みます。自分の投げる動きに対して意識を向け、投げ方を調整していってほしいという意図から、このボールを扱うことにしました。ドーナツの中心円には鈴を入れた紙筒を挿し、転がると音が鳴るようにしました。これは、運動会で応援している生徒たちが、視覚だけでなく聴覚も頼りにして、ボールが転がる様子を感じられるようにするためです。

　的は段ボールで作りました（写真2）。足の部分にボールを当てることで、胴体を倒していきます。胴体部分は、テープで段ボールを三つ連結させ、防寒用サバイバルシートを貼り付けました。シートがあることで、視覚的に捉えやすく、風になびいて音が鳴ることで、倒れた結果が分かりやすくなります。足の部分の段ボー

写真2　段ボールで作った的

ルは、間隔を広くすることで、ボールが１回当たれば足場がずれ、胴体が倒れやすくなります。反対に、間隔を狭くすると倒れにくくなり、難易度が上がります。こうした設定によって、よりスピードを上げて投げる、同じ的に対して連続してねらって投げるといった姿を引き出すことができます。

❹　指導の手立て

写真3　床に立てた状態から転がす

どのような投げ方をすれば、まっすぐボールを転がしていけるか、自ら確かめながら進めていくことを大切にしました。そのために、両手で持ち上げてから投げる方法、膝の上に置いて両手で押し出して投げる方法、床に立てて置いた状態から片手で転がす方法（写真３）の３種類の投げ方を提示し、どの投げ方が自分に合っているかを試しながら練習する機会を設けるようにしました。

はじめは成功体験を積み、前向きに取り組めるよう、的までの距離を短くしたり、１回当てられれば倒れるよう、的の足場を広くしたりしました。

（2）指導計画

❶　単元の目標と評価

どうすれば上手に投げることができるか考えながら、自分の投げ方を確かなものにし、お互いが身に付けた動きを発揮し合って、競争する楽しさを感じてほしいと考えました。そこで指導目標は、「自分に合った投げ方を身に付け、その動きを生かしてよりよく競争する」とし、評価規準を表２のように設定しました。指導目標と評価規準は３名同一としました。

表2　単元の評価規準

知識・技能	思考・判断・表現	主体的に学習に取り組む態度
自分に合った投げ方でボールをまっすぐ転がし、的に当てることができる。	いくつかの投げ方を試す中で、自分に合った投げ方を見付けている。	身に付けた投げ方を生かし、勝利を目指して最後まで取り組もうとしている。

❷　指導計画

全５時間で計画しました。単元の１〜３時間では、教師が示した３種類のボールの投げ方を試し、どの投げ方が自分にとって投げやすく、まっすぐ転がすことができるかを見付けていくことにしました。４〜５時間目は、前時までに身に付けた動きを生かし、的の位置や競技時間を、運動会本番と同様の設定とした中で行うことにしました。

3 単元の展開

（1）指導の経過

　生徒は、ドーナツ型ボールを投げたことがなかったので、最初はまっすぐ投げることが難しい様子でした。三つの投げ方の手本を示し、キャッチボールをしながらどの投げ方が自分に合っているかを試していきました。

　Aさんは、上肢の運動機能に左右差があり、バランスよく力を加えることが難しく、両手で持ち上げてから投げる方法と、膝の上に置いて両手で押し出して投げる方法では、上手に転がすことができませんでした。また、床に立てて置いた状態から片手で転がす方法では、ボールを片手で押し出すことから車いす上で姿勢が傾き、Aさんにとっては投げにくい様子でした。どの投げ方を選択するか聞いてみたところ、「的を倒すためには力強く投げられた方がよい」という発言があり、両手で持ち上げて投げる方法で練習していくことにしました。練習をしていく中で、だんだん上手に投げられるようになっていきました。うまく投げるためには、どんなコツがあるのか聞いてみたところ、「慌てないこと」と答えました。はじめは、力いっぱい投げることで、ボールを床に叩きつけていたり、上肢に緊張が入り、力の加え方に左右差が生じたりして、ボールをまっすぐ転がすことができないようでした。練習の中で試行錯誤しながら取り組むことで、力加減の調整が大切であると気付いたことから、自分の状態を認識し、よりよい方法を考え、運動として表現しようとしたと捉えました。

　同じように取り組む中で、Bさんは、両手で持ち上げて投げる方法は重さを感じ、また、床上に立てて片手で転がす方法は車いす上での座位バランスが不安定になることから、膝上に置いた状態から押し出す投げ方が合っているとしました。Cさんは独歩で片麻痺があることから、両手を使う投げ方ではなく、床に立てて置いた状態から片手で転がす方法が合っていると判断しました。

（2）指導の改善

　3人とも、自分に合った投げ方を見付け、まっすぐに転がせる距離が延びていきました。そこで、的までの距離を延ばすことにしました。また、的の足場の段ボールの間隔を狭くして、ボールが1回当たっても倒れないように難易度を上げることにしました。

　運動会では、AさんとBさん・Cさんに分かれて競技を行いました。ボックスタワー5本を2分間で何本倒せるかを競いました。1回戦は、Aさんが5

写真4　的を倒した後の様子

本全て倒し、2回戦は、Bさん・Cさんが力を合わせて全部倒しました。結果は引き分けとなりましたが、上手に取り組む様子に対して、周囲から歓声や称賛を受けていました（写真4）。体育での練習の成果を、運動会で発揮することができました。

4 単元を終えて

（1）結果と考察

　場面や状況に応じて動きを調整していくことで、自分に合った投げ方を確かなものにでき、それを運動会でも実践するなど、もてる力を発揮しようと頑張る姿が見られました。それに対して、多くの歓声や称賛を受けました。一連の活動を通じて、運動に対する興味・関心を高める機会になったと感じています。

　この単元後のドッジボールでは、ドーナツ型ボールを引き続き使い、身に付けた動きを生かして積極的に取り組むことができました。また、パラリンピック種目のゴールボールの単元を行った後、Aさんからは、「パラリンピックの種目を見てみたい、次のパラリンピックはいつ行われるの？」という発言が聞かれ、体育の授業以外でも、運動やスポーツに目を向けようとする姿勢が感じられました。

（2）反省と改善・発展

　児童生徒の障害の程度が重い場合は、傾斜台からボールを押し出すようにして的に向かって投げる方法があります（写真5）。また、ドーナツ型ボールを長い紙筒で連結させ、長机の上を転がして的当てを行う活動も考えられます（写真6）。同じ教材を活用しながら工夫次第で、各段階の児童生徒に対して指導を展開していくことが可能だと考えます。

　今後の発展として、運動を通して児童生徒の交流を広げていく予定です。オンラインによる遠隔合同授業を活用して、ボックスタワーを通じた他校との交流戦が実現できれば、児童生徒にとってよい機会になると考えています。

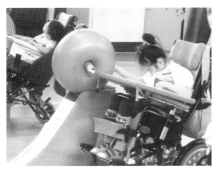

写真5　傾斜台を使った投球

写真6　ドーナツ型ボールの異なる使い方

第 8 章

図画工作・美術科の
授業づくり

図画工作・美術科で育む力

1 図画工作・美術科で育む力

（1）図画工作科の目標

特別支援学校小学部・中学部学習指導要領の知的障害者である児童に対する教育を行う特別支援学校の各教科に示されている図画工作科（知的図画工作科）の目標は次のとおりです。

> 表現及び鑑賞の活動を通して、造形的な見方・考え方を働かせ、生活や社会の中の形や色などと豊かに関わる資質・能力を次のとおり育成することを目指す。
> ⑴　形や色などの造形的な視点に気付き、表したいことに合わせて材料や用具を使い、表し方を工夫してつくることができるようにする。
> ⑵　造形的なよさや美しさ、表したいことや表し方などについて考え、発想や構想をしたり、身の回りの作品などから自分の見方や感じ方を広げたりすることができるようにする。
> ⑶　つくりだす喜びを味わうとともに、感性を育み、楽しく豊かな生活を創造しようとする態度を養い、豊かな情操を培う。

図画工作・美術科は、実際に子供自身が体を使って触ったり、見たり、つくったりしながら学習を進める教科です。表現や鑑賞の学習活動を通して、知識や表現の技能が身に付くことと同時に、子供の中にイメージする力や表現する喜びが育まれます。多くの人がよいとしている美的な感覚を学ぶとともに、学習の中で子供に育まれるイメージは子供それぞれであり、子供の数だけ正解がある教科とも言えます。自分だけのイメージを大切にされ、よしとされる経験は自己肯定感を育み、ひいては他者を認め、違いを受け止めることにもつながります。図画工作・美術科ではこのような資質・能力が育まれることで、子供が主体となって豊かな生活が創造されることを目指します。

（2）図画工作・美術科で見られる難しさ

図画工作・美術科の目標を達成するに当たり、障害の重い子供においては、どのような学習の難しさが現れるのかを見ていきます。

図画工作・美術科は、実際に子供自身が、体を使って触ったり、見たり、つくったりしながら経験を積み、いい形だな、面白い色だなと、自分のイメージをもったり意味付けし

たりして造形要素と関わることを繰り返しながら学習を進める特徴があります。障害の重い子供は、障害により「動きにくさ」や「見えにくさ」があります。「動きにくさ」から、自分から造形遊びなどの活動に向かったり、「見えにくさ」から、自分で物事を見たりすることが難しかったりします。また、「捉えにくさ」から、材料による刺激を強く感じすぎたり弱く感じすぎたりします。さらに、「考えにくさ」から体験したことを結び付けたり記憶したりすることが難しかったりします。このような難しさが合わさると、子供自身が造形的な見方・考え方を働かせながら図画工作・美術科の学習を進めていくことが難しくなります。

　結局、発達や学習状況に合わない題材や単元展開となり、「図画工作の時間は、先生は自由に表現していいと言うけれど、何をしていいか分からない」のように表現することに不安を覚えるようになります。ひいては学習へのやる気を失わせ、表現への動機付けを下げることにもつながってしまいます。

2　各段階で目指す子供の具体的な姿

　ここでは障害の重い子供の目標や内容を取り上げますので、小学部の各段階について詳しく述べ、中学部以降の姿を簡単に述べることにします。

（1）小学部1段階

　小学部1段階は、形や色などがそこにあるということに気付き、造形遊びの活動などを通して形や色などに対する自分なりのイメージをもつ段階です。この段階の対象の子供には自発的な動きが少なく、具体物への気付きがほとんど見られないような子供も含まれます。そのような子供へは、まずは形や色などが分かりやすい具体物にふれたり見たりして関わり、その具体物へ自分なりのイメージが育つことを目指します。これまでの生活や学習で子供の中に育まれていた「快」「不快」などの感じ方を基に、「好き」や「楽しい」、「もっと触りたい」などの気持ちや行動へと変わっていくように関わっていきます。そのために

写真1　わー！ 紙につつまれるー！

写真2　影が自分の動きで変わったよ

写真3　ぬるぬるしていて気持ちいいよ

写真4　手を動かすと絵の具が広がるよ

は、子供がもっている力を発揮して関わることを積み重ねながら学習が発展していくようにすることが大切です。

　自分から具体物と関わって造形遊びができる段階の子供には、絵の具の付いた手を大きく動かしたら長く伸びやかな線ができた、力を込めて拳を粘土に向かって押し出したら大きな穴が開いたなど、自分の体を動かして形や色を変化させることを体験させるとよいでしょう。自分の行動が跡として残ることが分かり始めた子供には、手や体を使った絵の具遊びでその理解を深めたり、ペンやクレヨンなどの用具を扱えたりするようにします。また、並べたり積んだりする楽しさが分かりやすい小石、木の実や積木、形を変えることを簡単な動作で実感できる柔らかい粘土や雪、アルミ箔といった材料で、子供が遊びながら素材の特徴や表し方の基礎的な概念を体得できるようにします。

（2）小学部2段階

　小学部2段階は、自分の表したいことを思いついて意図的な表現活動が始まる段階です。この段階の子供はクレヨン箱の中にいくつかの色があることを理解し、色の名称などを覚え始めます。「線をずっと伸ばし続けよう」「僕の好きなこの車は赤色」など自分の気持ちや思いを形や色などの造形要素に関連付けて捉えます。また、色鉛筆でグルグルと描いて偶然にできたものに意味を後付けし、「ラーメン」と言葉で表したりするでしょう。自分が作ったものや使っている材料や用具から、表したいことを思い付いて表現したりすることができ始めます。

　この段階では、1段階で体得してきた自分のイメージを知識や技能を使って表現したり、考えたりしながら学習を発展させることがポイントとなります。子供自身の感じ方や思いを大事にしつつ、「線がたくさんあるんだね」「赤色と黄色があるのが面白いね」など教師が造形要素を用いた言葉で意味付けし、子供がそれを参考にしながら表現や鑑賞の力を広げられるようにします。自分が表現したいものをつくりだす用具としてハサミや接着剤、のり、ヘラ、シャベルなども基本的な扱いができるように学習します。

写真5・6　友達の真似をして並べたり、石と枝を合わせて並べたり、葉から漏れる陽の光の中に石を置いてみようと思い付いたりするなど、材料などから表したいことを思い付いて、表現している子供たち

（3）小学部3段階

　小学部3段階は、具体的な出来事や物などを見たり、思い浮かべたりしながら表現した

り、友達の作品の表現方法をいいなと思って見たり、真似て自分の表現に生かしたりできるようになる段階です。自分がこれまで育んできたことや自分のイメージに加えて多くの人が感じている美しさにも気付けるように、友達や身近な作品なども鑑賞できるようにします。学習の積み重ねや生活の広がりから、思考が深まるに伴って、発想する物事も複雑になってきます。針金をペンチで切ったり折り曲げたりしながら立体作品をつくったり、油性顔料マーカーで輪郭線を描いてから水彩絵の具で色を足すといった表現の技能の工程を経るなどして、出来上がりを想像しながら表現に向かうことができるようにします。また、自分が想像する表現に向けて適した材料や用具を選択できるようにします。日常生活の中で使用する、のこぎりや彫刻刀、金づち、ペンチ、くぎ、ネジなどの木材加工、金属加工用具も安全性に配慮しながら使用できるようにします。

写真7　「お皿の形をまず描いて、次にお皿いっぱいにお米を描いてからカレーの色を塗ってみよう。そのあとでニンジンと玉ねぎとジャガイモをかく。」「あれ、玉ねぎってどんな色だったっけ？」と表したいことを基に工程を考え、色や形を工夫しながら表現している子供

（4）次のステップへ

中学部の1・2段階では、小学部段階で子供自身が育んできた形や色に対するイメージを基に、自分の個性を生かして、実際にありえないことや、自分の思いなどを造形的な視点を用いて表現できるようにします。また、表したいことを踏まえ、必要な用具を選択して表現できることを目指します。風景などの空間も造形的な視点で捉えたり、用途に応じてデザインをしたり、造形的な要素を活用しながら他者に伝えようとしたりする力が育まれるようにします。用具では電動の糸のこぎりや研磨機などの電動工具を扱えるようにします。

写真8　「すごくリアルだね。」「何を使って作るの？　何でこんな色してるの？　後ろはどうなってるのかな？」「髪の毛の作り方がすごい！」「どうやって作るの？　この人はだれなの？　何でこれ作ろうと思ったの？」気付きや興味も多様化していきます。

図画工作・美術科の授業づくりのポイント

1 図画工作・美術科の観点からの実態把握と育てたい力の明確化

（1）図画工作・美術科の観点からの実態把握（観点別学習状況評価）

❶ 学習段階の押さえ

　まずは、対象の子供がどの学習段階にいるのか、おおよその見当を付けましょう。例えば、Aさんは教師が出す絵の具に視線を向けたり、手を伸ばして触ろうとしているな、B君は手を使ったり用意された筆を使って画用紙に絵の具が付くことを面白がって没頭している、だから、Aさん、B君はそれぞれ小学部1段階あたりではないか。Cさんは偶然にできた絵の具の跡を見て、「線路だよ」と意味付けしている様子が見られる。D君は、「僕はもっと大きな雲を描きたい！」とクレヨンを持って腕を大きく動かしている、だから小学部の2段階あたりかな。一方、Eさんは、黒い画用紙とクレヨンを選んで花火の思い出を表現しようとしている様子が見られるから小学部の3段階かな、といった具合です。

❷ 観点別評価による捉え

　おおよその学習段階を押さえたら、今度は細かな学習の習得状況を見ていきます。図画工作・美術科の目標がどう変化して高まっていくか（表1）を踏まえながら三つの観点で評価していきます。「知識・技能」では、「知識」として図画工作・美術科で扱う特徴的な要素である形や色などの造形的な要素への気付きや理解の深まり、「技能」として材料や用具への理解や表現に必要な扱い方や技法の習得状況を確認します。「思考・判断・表現」では物事を形や色などの造形的な要素で捉えたり、自分のイメージをもったりすることができるか、表現したいことを思い付いたり表し方を考えたりすることができるか、作品や身の回りのものからその美しさに気付いたり、自分の感じ方を発展させることができるか

表1　知的図画工作・美術科の目標の移り変わり例

学部	段階	目標（思考力、判断力、表現力等に関する目標の後半部）
中	2段階	自分たちの作品や美術作品などに親しみ自分の見方や感じ方を深めることができる。
	1段階	身近にある造形や作品などから、自分の見方や感じ方を広げることができる。
小	3段階	身の回りの作品などから自分の見方や感じ方を広げたりすることができる。
	2段階	作品などの面白さや楽しさを感じ取ったりすることができる。
	1段階	作品を見たりできる。

を評価します。「主体的に学習に取り組む態度」では進んでつくったり見たりする活動に取り組み、つくりだす喜びを感じたり味わったりしているか、自分自身の形や色などの感覚や感じ方を大切にしながら、比べたり、選んだり、つくりだしたりするなどして楽しく充実した生活を創り出そうとしているかなどを評価します。

　観点別学習状況の評価は、小学部 1 段階なら 1 段階、 2 段階なら 2 段階の学習指導要領に示された「内容」に即して評価します。「A 表現」の事項では「技能」と「思考力、判断力、表現力等」、「B 鑑賞」では「思考力、判断力、表現力等」、〔共通事項〕では「知識」と「思考力、判断力、表現力等」と対応して示されています。

（2）年間を通して育てたい力の明確化

　子供の発達の段階や、個別の指導計画、観点別の習得状況を踏まえて、子供の育てたい力を検討します。例えば中学 1 年生の F さんは、ハサミやのりを一人で扱うことができ、「知識・技能」の習得は知的小学部 2 段階の目標の達成に差し掛かっているように見えますが、「思考・判断・表現」や「主体的に学習に取り組む態度」に難しさが見られます。授業だけでなく、日常生活の中でも、自分で考えたり、自分の思いを表現したりすることに課題が見られますので、 2 段階の「思考力、判断力、表現力等」や「学びに向かう力、人間性

2段階の目標	2段階の内容（一部）	評価
知識及び技能 　形や色などの違いに気付き、表したいことを基に材料や用具を使い、表し方を工夫してつくるようにする。 **思考力、判断力、表現力等** 　表したいことを思い付いたり、作品などの面白さや楽しさを感じ取ったりすることができるようにする。 **学びに向かう力、人間性等** 　進んで表現や鑑賞の活動に取り組み、つくりだす喜びを感じるとともに、形や色などに関わることにより楽しく豊かな生活を創造しようとする態度を養う。	**A 表現** ア　身近な出来事や思ったこと基に絵をかく、粘土で形をつくるなどの活動を通して、次の事項を身に付けることができるよう指導する。 　㋐　材料や、感じたこと、想像したこと、見たことから表したいことを思い付くこと。 　㋑　身近な材料や用具を使い、かいたり、形を作ったりすること。 〔共通事項〕 ア「A 表現」及び「B 鑑賞」の指導を通して、次の事項を身に付けることができるように指導する。 　㋐　自分が感じたことや行ったことを通して、形や色などの違いに気付くこと。 　㋑　形や色などを基に、自分のイメージをもつこと。	**知識・技能** 　同じ色のボールを集めたり、色の名前を言ったりすることができる。 　ハサミやのりなどを扱うことができるが表現に用いる用具としての理解には至っていない。 **思考・判断・表現** 　クレヨンを使って好きなキャラクターの顔をかくことができるが、色などを工夫することなく単色で表して「できた」とすることが多い。 **主体的に学習に向かう態度** 　提示された材料や用具を使って表現活動を行う様子がある。

育てたい力
自分のイメージをもちながら、表したいことを思い付いたり、作品などの面白さや楽しさを感じ取ったりする。 　つくりだす喜びを感じながら表現や鑑賞の活動に取り組もうとする。

図1　観点別学習状況の評価（一例）による捉えと年間を通して育てたい力の例（F さんの場合）

ハサミで
紙を切ることが
できるよ

育てたい力
が身に付く
と…

ここをもう少し
切って
いい形に
したい

等」の目標を中心に育てたい力とすることにしました（図1）。このように子供の習得状況のよいところを伸ばしながらも、知識や技能に偏ることなく、子供の資質や能力を総合的に伸ばしていけるような視点をもって育てたい力を明確にすることが大切です。

② 単元を構想するポイント

（1）育てたい力を中核とした単元間のつながり

　図画工作・美術科では、様々な経験をしてほしいので、あれもこれもといろいろな材料や用具を使って単元を設定しがちです。障害が重い子供は自発的に活動に向かったり、体験したことを相互に結び付けたりすることが苦手ですから、育てたい力が身に付くようにするためには、目標の達成に向かう題材を検討し単元を構想する必要があります。

　先程のFさんを例に説明します。図画工作の時間として、1年の間にハサミを主に取り扱う単元を10時間程度設定することにします。まず、年度始めの4月には、ハサミの基本的な扱い方を習得できるようにする技能に特化した単元を、1時間設定します。その後は学校生活の中でもハサミを使う活動を取り扱うこととします。次に七夕の飾りつけや行事で使用する輪飾りのように工程に合わせてハサミを使う単元を2〜3時間設定できるでしょう。ハサミを使わない単元でも、様々な材料で形を表現したり、色紙を使って画用紙の中に簡単な構成をしたりする単元で形や色などへの理解や表現の力を付けていきます。年度の後半には、生活経験の中でもハサミの取扱いが上達していると見込んで、紙を切りながら思うままに形を作る表現活動をする単元を2時間設定する計画とします。

　このように学習する順番や年間を通した分量、時期、他の材料や用具との兼ね合いを考えながら各単元を構想していきます。また同じような単元を、時間を置いたり、他の教科や別の学習内容を踏まえたりしながら、螺旋状に発展させて繰り返すことが効果的でしょう。既習の学習でどのような資質・能力が養われているかを確認し、小学部6年間の学びを考えながら単元を構想していくことが重要です。

（2）学習に使用する材料や用具の選び方

　学習指導要領には、内容の段階ごとに適切な材料や用具が示されています。それらを参

考にしつつ、発達の段階や育てたい力、学習状況をもと
に使用する材料や用具を選択します。材料に関しては子
供が形や色などに気付き、自分のイメージをもちながら
表現活動を発展させていけるように、形や色などが分か
りやすいものを選びます。特に発達が初期の子供は、一
つの具体物の中に複数の刺激があると、自分の受け取り
やすい音や匂い、味などの感覚の刺激に集中しやすく、
それが妨げとなって形や色などへの気付きにまで至らな

写真1　LED ライトの鑑賞

いことがあるので注意します。用具に関しては1段階や2段階の始めの子供には、教師の
補助がなくても自分で取り扱いやすいものを中心に用意し、子供自身の間合いで材料や用
具に関わることができるようにします。子供自身で安全の確保ができない材料や用具では、
活動中に「ダメ！」「違う！」「待って！」などの言葉掛けが多くなりがちで、子供の学習
意欲の減退に直結します。体の操作を補う補助具を使ったり子供に合わせて用具を改造し
たりすることも考えられます。

　3段階の目標の達成を目指す子供は、教師と共に数回扱う経験をしたり、他の人の扱い
を見たりすることで、材料や用具の感じや扱い方、その造形的な効果などを習得できる段
階です。将来の快適な家庭生活や自立した社会生活の問題解決の方法の一つになることも
見越して、自分一人では扱うことが難しい材料や用具でも、その扱い方や効果などを知識
として学習する必要があります。

（3）子供が主体となって活動できる学習活動の設定

　学習指導要領の「内容」や「内容の取扱いについての配慮事項」を参考に、題材や単元
で学ばせたいことを軸に学習活動を設定します。活動内容にある程度幅をもたせて、子供
がこれまでに培ってきた力を使って体験的に学習できるようにします。また、学習活動に
応じて子供自身が展開させていける余裕をもたせるようにしま
す。そのために、子供の発想などを予想して、必要となる材料
や用具を用意したり、教師に言われなくても子供が自然に気が
付ける場所に準備したりすることが大切です。子供が発想を膨
らませられるように教師が例を見せたり、言葉を使って意味付
けしたりすることなどの手立ても必要となります。

　形や色などに対する感じ方や思いは、子供の中にあり、常に
変化し、見えません。表情や体の動き、言葉、実際に表現された
物などから、教師が子供を捉える視点を複数もつことが大切で
す。細かく子供の様子を見取り、目標や学習内容を適宜見直しな
がら、学習活動が子供にとって最適なものとなるようにします。

写真2　体を大きく動か
して垂れる絵の具と向き
合っている様子

図画工作・美術科の実践例

単元名▶「つつまれて〜金色のシート〜」

形や色に気付き、関わる力を育む実践

1 子供の実態

（1）日常生活における形や色などとの関わり方

　対象は中学部第2〜3学年の3名です。Aさんは、光が目に当たると眩しそうにまぶたを細める様子が見られます。身体に力が入っていることが多く、わずかな刺激に驚くことがしばしばあります。上下や左右に揺れる動きで声を出して笑うことがあります。大きなモニターに絵本が映ると笑顔になることが多いです。

　Bさんは、明るさに対する反応が乏しいのですが、電球を30cmくらいの近さで顔に向けると顔を電球の方に向け、手で引き寄せようとすることがあります。自己刺激的な行動が多いですが、左手で撫でるように周囲を探索する様子が稀に見られます。

　Cさんは、硬かったり冷たかったりするものを教師と一緒に触ると手を引っ込めるような様子があります。左手や左足をトントントンとリズミカルに動かしたり、撫でるように左足で床や左手で自分の体を触ったりすることがあります。視覚は明暗が分かる程度です。

　3人とも音楽の授業で学習した曲が流れると、動きを止めたり表情を変えたりすることが多く見られます。このような様子から、対象の生徒たちは形や色などに気付いたり、関わろうとしたりする姿が現れ始めているごく初期の段階ですが、知っている曲が流れると表情が変わって笑顔になる様子などから学習したことが身に付くと捉え、知的図画工作科小学部1段階の目標で学習を進めていくこととしました。

（2）観点別評価

　授業場面や生活場面での形や色などへの関わり方の様子を基に、図画工作科の学習状況を観点別に捉えました。Aさんは視覚や体の動かし方は発達の初期の段階です。一方で授

業や学校生活の様子から判断すると、経験したことが長期記憶として残っているようです。こうしたことから、見ることや体を動かして形や色を捉える経験も、Aさんが価値あるものとして受けとめることができたら、積み上げることが期待できるのではないかと考えました（表1）。

表1　Aさんの観点別学習状況

知識・技能	思考・判断・表現	主体的に学習に向かう態度
・教室の天井や壁に光や色を反射させたり動かしたりすると目を大きく見開いたり体に力を入れたりする。 ・教師の提示や、自分の体の動きによって素材が変化することに気付きつつある。	・既習の素材を提示すると、目を大きく見開いたり笑ったりするなどの表出が多くなる。 ・提示された素材に視線を向けながら手を前に動かそうとしている。	・力を調整して素材に向かって体を動かそうとしている。

2 単元の開発

（1）単元の構想

❶　日常生活場面で目指す姿

　学習の状況などから、対象の生徒たちには、繰り返しふれてきたものや、身の回りにあるものの形や色などに気付いて、触りたいと思うことや、触ろうと手や足を伸ばしたり、体を動かしたりするようになってほしいと思いました。

❷　単元のアイディア（着想）

　目指す姿を実現するためには、まずは安心できる環境の中で、分かりやすい具体物を使って形や色などにたっぷりと囲まれながら、それらが「ある」ことに気付いてほしい。また、教師の働きかけや、偶然の自分の動きから材料が変化する経験などを繰り返し、関わり方を知ってほしい。心地よい経験から自ら関わってみたいと思う気持ちをもつことができるようになり、見たり触ったりするなどの材料との関わり方を広げられるようになってほしいと考えました。さらに、生徒たちの運動の様子から、自分から意図的に手足を動かす前の発達段階にあるのではないかと捉え、体全体を使ったり、唇や頬などの感覚を受け取りやすい場所で材料に関わることができるようにしたいと思いました。

❸　教材の選定

　対象の生徒たちは、自分から気が付いて意識的に材料に向かって手を伸ばしたり、一つの具体物を触り続けたり、見ることに注意を向け続けることに難しさがあります。自分から体を動かして図画工作や美術の学習に必要な要素を受け取りにいけないのであれば、材料から子供に、形や色などの感覚を主張しながら働きかけてくれるものはないかと考えて、体全体を優しく包むことができるもの、生徒の小さな動きで動かせるもの、見て捉えやすいように光を反射するなどを必要な要素として検討し、金色の防災用保温シートを選びま

した。

❹ 指導の手立て

指導の際は、次の３点を意識することにしました。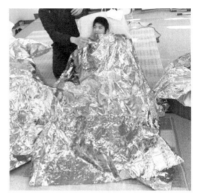
１点目は、妨害となる刺激を取り除いた状況で生徒が
学習に向かえるようにすることです。この単元で生徒
たちに付けたい力は、形や色などの感じを自分なりの
方法で捉えることです。生徒たちは、いくつかの種類
の刺激の中から、自分の受け取りやすい感覚に集中し
てしまいがちな一面があります。この単元ではあえて、
味覚と嗅覚の刺激の伴わない人工物で形や色などに気
付きやすいようにしたり、教室の照明の方向や風が一
定になるようにしたりしました。２点目は、生徒自らの偶発的な動きから物への気付きが

写真１　１時間目の様子

促せるように、素材の提示の場所や生徒の学習姿勢を工夫することです。生徒たちは自己
刺激的行動が多い、覚醒水準が低い、体の動きが少ないといったことから、自分で具体物
と関わる経験をすることが難しく、学習の経験が積み上がりにくいです。だからと言って
他者の介助を受けながら体を動かすなどして素材に関わっても、生徒自身の気付きとなっ
たり、形や色などの造形要素を自分のイメージで記憶したりしにくいと考え、どんな小さ
な動きであったとしても自分で動かしたり触ったりできるようにしたいと考えました。３
点目は、素材が「ある」時間だけでなく「ない」時間も重要な時間として授業時間内に設
定することです。「ある」時間の後に「ない」時間があることで、材料にふれていたこと、
ふれて感じていたことをより印象的に生徒自身が思い出し、具体物の形や色などの感じが
より鮮明に生徒の中に意味付けされるのではないかと考えました。

（２）指導計画

❶ 単元の目標と評価

指導目標と評価規準は３名同一とし、評価基準を個別に立てて指導を進めました。指導
目標は「金色のシートの色や形に気付き、見たり、触ったり、動かしたりして培ったイメー
ジを自分なりの方法で表出したり、体を動かしたりすることができる」です。

表２　単元の評価規準

知識・技能	思考・判断・表現	主体的に学習に取り組む態度
1　金色のシートの色や形に気付く。 2　金色のシートを自分なりの方法で動かそうとする。	3　金色のシートの色や形について自分なりにイメージをもって、表情や動きでその気持ちを表出したり、手や体全体を使って変化させたりする。	4　金色のシートに自ら関わろうと、自己を調整したり、手を伸ばそうとしたり、動かしたり、繰り返し視線を向けたりする。

❷　指導計画

表3　指導計画

時	学習内容・学習活動	重点を置く評価規準	
1	金色につつまれて（教師の働きかけを通して金色のシートと出会う）		
2、3	金色につつまれて（じっくりと金色のシートと向き合い、偶発的な自分の手や顔などの動きで金色のシートの形が変わることに気付く）	1	2
4、5	金色のシートとやり取りしよう（自分から手足や顔、体全体などを動かすことで、シートの形を変えようとする）	3	4

3 単元の展開

　まず、造形的な要素を生徒が受け取りやすいように、金色のシートを静かな教室で生徒の目の前に提示しました。金色のシートは、カシャカシャと音を出して生徒の目の前で畳んだ状態から広げられていきます。その後、そのシートでゆっくりと生徒の体を包むようにしました。本単元では大きな金色のシートに体全体を包まれることで、対象物としての金色のシートの存在や色、素材感に気付くことを最初にねらいました。

写真2　生徒が自分で関われるように金色のシートで体全体を包み込んだ様子

　次の展開として、教師が形や色に注目しやすいように誘導するような働きかけをすることにしました。教師の働きかけを受けた生徒自身の動きによって、カシャカシャと音を立てて形をかえる金色のシートの動きや素材感に気付けるように考えました。そのような活動を通して、もう一回触ってみようだとか、用心してしばらくこのままの状態でいようなど、金色のシートが自分にとってどのような存在か分かり、関わり方を発展させて意図的な働きかけとなるよう期待しました。

（1）指導の経過

　単元が始まった当初は、教師が金色の防災シートで全身を包んでも、普段と変わらない様子でした。そこで教師がカシャカシャと音を立てるように体を包んだり、金色の光の反射が生徒の顔に向かうように光の方向を調整したりして金色のシートをアピールすると、生徒は時々体の動きを止めたり、ハッとしたような表情を見せたりするようになりました。授業を重ねていくと、金色のシートに包まれるとすぐに動きが止まったり、体をもぞもぞと大きく動かすようになりました。生徒によっては自分からシートに触ったり、唇や足先などで素材に触ったりする様子も見られるようになりました。

写真3　表情に変化が出始めた様子

図画工作・美術科の授業づくり

第8章

187

（2）指導改善

　最初は生徒が気付きやすいと思い、素材を大きく動かして音を立てて提示しましたが、生徒の表情や動きをもとに、シートをゆっくり動かしたり、生徒の動きが出ている唇や足などにふれるように動かしたりするなど働きかけを工夫しました。また、生徒はクッションチェアに座っているだけでなく、仰向けや横向きの姿勢でも学習を行いました。

4 単元を終えて

（1）結果と考察

　生徒たちは単元の始めの方では体の動きや表情に変化がなく、素材に気付いていない様子でした。単元が進むにつれて、素材が生徒の体にふれるように提示されると表情を変えたり、動きが止まったりする姿が見られ始めました。この様子を生徒たちが素材に気付き始めた状態なのではないかと考えました。さらに教師が生徒の動きや表情に合わせ、素材の提示の仕方を工夫するようにすると、体をもぞもぞと大きく動かす姿が見られたり、生徒によっては自分の動かしやすい体の部分で金色のシートに触ったりする様子が見られる

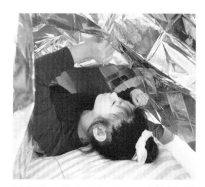

写真4　仰向けになって材料と関わっている様子

ようになりました。このような学習の様子の変移から、単元の始めには見られなかった、具体物に気付く力や、関わろうとする体の動きが発揮されたのではないかと考えました。

　Aさんは体にくっつくものや手や足にふれるものに対して表情を変えたり、目を向けたりすることが増えました。また、金色のシートにふれた部分、例えば、鼻の先や顎、指先などを金色のシートに沿わせるよう動かす様子が見られるようになりました。そのような動きは偶発的にも見えましたが、授業を重ねるごとに、シートがふれると動かす部分や動かす動きが再現されるようになりました。また、Aさんだけでなく、BさんもCさんも自分の体の動きで素材にふれたり、素材の方に顔を向けたりすることが多く見られるようになってきました。

（2）反省と改善・発展

　この単元の発展として、同じように体を大きく包むような他の素材と関わることで、具体物の形や色などに対する多様な気付きを育むことにつなげたいと思いました。またこの単元では、自分の今まで培ってきた体の動かし方で素材に働きかけることができたので、もっと関わりたいと思って探索的に素材を動かす技能を育むことを次の目標として、適切な題材やしかけの設定の必要性を感じました。

小学部 2 段階	単元名 ▶「色紙の構成」

自分なりのイメージをもって
形や色などを表現する力を育む実践

1 子供の実態

（1）日常生活における形や色などとの関わり方

　対象は小学部第 5 学年の 3 名です。A さん、B さん、C さん 3 人とも赤、青などの基本的な色の名称を覚えて使ったり、色鉛筆やクレヨンを使って画用紙にかいたものを言葉で教師に説明したり、自分の好きな色の車があったとチラシを教師に見せたりすることがあります。

　ハサミやのりなどの扱い方を知っており、お菓子の袋を切ったり、紙をノートに貼ったりすることができます。一方で、教師が「今日は黄色い T シャツだね」と言葉掛けすると、驚いたような顔で自分が着ている服を見たり、「絵で説明してみて」と言うと、困ったように画用紙に字を書いたりすることがありました。

　このような様子から、3 人ともに知的図画工作科小学部 2 段階の目標で学習を進めていくこととしました。

写真 1　作品 1：折り紙をタイルのように並べている

（2）観点別評価

　授業場面や生活場面での形や色などへの関わり方の様子をもとに、図画工作科の学習状況を観点別に捉えました（表 1）。他の 2 名もおおよそ同じような学習状況にあります。

写真 2　作品 2：銀色の折り紙を重ねて貼り付けている

表 1　観点別学習状況

知識・技能	思考・判断・表現	主体的に学習に向かう態度
・形や色などの違いに気付いて「好き」や「面白い」などと身振りや言葉で表現している。 ・ハサミやのりを安全に使用している。	・画用紙に色鉛筆やクレヨンで表したものに意味付けし、教師に言葉で説明する。 ・提示された教材を使って自分なりのイメージをもって作る。	身近な材料を使って作ったり作ったものを教師に見せたりする。

2 単元の開発

（1）単元の構想

❶ 日常生活場面で目指す姿

　自分が着る衣類を、形や色などを踏まえて楽しく選択したり、配膳された食事の色や形などの要素に気付いてより美味しく食べたりするなど、形や色などに自分のイメージをもったりすることでより豊かな生活を創造してほしいと思いました。

❷ 単元のアイディア（着想）

　対象の子供たちは生活や学習の様子から、具体物の中に形や色などがあることを理解し、自分なりに捉えたものを表現したり意味付けしたりし始めていることが分かります。基本的なハサミやのりの扱い方も習得しています。これらを踏まえて、単純な形や色を使って自分なりのイメージをもちながら思考したり、発想したりして表すという学習を行うことで、さらに表現の力や主体的に学習に向かう態度が育まれることを重点的にねらいたいと思いました。

　子供たちが見たり、手を動かしたりしながら、材料の形や色などに自分なりのイメージをもつこと、意識的に色などを選択し、どのように画用紙上に配置するか考えたり表したりする経験を積めるような単元になるようにしました。

❸ 教材の選定

　本単元では、子供が表現の活動を集中して行えるように、自信をもって取り扱える用具、馴染みがあり、形や色などの感じが分かりやすい材料が適当だと考え、各種折り紙と、画用紙、ハサミとのりを使用することにしました。

❹ 指導の手立て

　指導の際は、3点を意識することにしました。一つ目は言葉掛けです。表現活動は本来楽しいものとされていますが、答えのないものを自ら生み出すことには不安が付きものだと考えます。安心して表現活動が行えるように、教師の言葉掛けを全て肯定的なものにすることにしました。また、子供たちが活動していろいろなことに気付いたり判断したりしている様子を言語化し称賛することで、子供の表現活動に関する知識が深まるのではないかと考えました。このことは、自分が判断し表現したことが、他者から認められた実感や安心感を得ることになり、表現活動に対する自信にもつながると捉えました。二つ目は発想から表現の工程を短く分かりやすいものにし、子供たちがこれまで培ってきた力を使って、表現することに集中させることにしました。新しい用具の学習に時間を割いたり、教師の付きっきりの手伝いなどが必要になったりすることを意図的に避けました。三つ目は子供が偶然に気付いて表現のもととなるような教材を提示することです。例えば折り紙ボックスには、各種の色、金、銀、だけでなく、模様のあるもの、カラーセロファン、エ

ンボス加工のものや、正方形だけでなく無作為に切ったものを用意して入れておきました。また子供の見える場所にハサミを置いて、教師の言葉掛けがなくてもハサミで形を作ることを思い付けるようにしました。

（2）指導計画

❶　単元の目標と評価

指導目標と評価規準は 3 名同一とし評価基準を個別に立てて指導を進めました。単元の指導目標は「色や形に自分なりのイメージをもって画用紙に構成することができる」です。評価規準は表 2 のとおりです。

表 2　単元の評価規準

知識・技能	思考・判断・表現	主体的に学習に取り組む態度
1　折り紙や画用紙、構成されたものの形や色などの違いに気付く。 2　折り紙やハサミ、のりを使い、表し方を工夫して作る。	3　折り紙や画用紙の形や色の感じをもとに、自分のイメージをもちながら、表現する。	4　つくり出す喜びを感じながら、進んで折り紙で画用紙に構成する活動に取り組む。

❷　指導計画

本単元は、単発の単元とし、表現から展示までの活動を 1 時間で行うこととしました。

3　単元の展開

表 3　単元の展開

展開	学習活動	学習内容やねらい	重点を置く評価規準
導入	色の名前リレーゲーム	色の名前を友達と順番に出していくゲームで、色への気付きや理解を深める。	1
展開 1	ボックスの中から好きな折り紙を選択する。	折り紙をもとに形や色などに着目する。	1　3
展開 2	折り紙を画用紙の上で構成する。構成した折り紙をのりで貼り付ける。	折り紙の形や画用紙の形を基に発想し、試行錯誤しながら表現する。	2　3　4
まとめ	作品を廊下の掲示板に展示する。	自分や友達の作品を見る。	1

（1）指導の経過

展開 1 では「折り紙を好きなだけ取るんだよ」との教師の言葉掛けに興奮した様子で、金や銀色の折り紙をたくさん選んだり、カラーセロファンを重ねて材料の特徴を確かめ、教師に見せたりする様子が見られました。自分が選んだ折り紙でひとしきり遊びながら形や色の感じを確かめた後は、友達の様子を見たり、追加の折り紙を取りに行ったりする子供もいました。するとそれを見ていた別の子供から「そんなにたくさん選んじゃだめだよ」「何枚も取っていいの？」などの発言がありました。

展開2の画用紙を構成する活動になると、子供たちは自分の選択した全ての折り紙を使おうとせず、どれを使おうか考えている様子がありました。表現の方法を見ると、折り紙を一枚貼って画用紙の余白を確認してから次にどの折り紙を使おうか、どこに貼ろうかと考える子供、左から右へタイルを並べるように構成する子供、画用紙をはみ出しても気にせず思いのままに構成する子供、とにかく好きな色紙を重ねて貼る子供、と一人一人違いが見られました。友達が勢いよく画面をはみ出すのを見て、ギョッとした顔をした子供もいました。教師の顔色をうかがう子供の視線を感じたときには、「○○君は画用紙をはみ出して作っていて、かっこいい表現を思い付いたね」と言葉掛けすると、安心したように自分の表現活動に戻るような様子がありました。

写真3　材料の色や形などの特徴の理解を深めている様子

写真4　材料のよさを感じ、教師に見せている様子

　まとめの廊下に作品を展示する活動では、特に展示場所や方法などには頓着せず、掲示板の中にバランスよく貼ってあればよいと言う意見にすぐまとまりました。作品が貼られた後は、「○○先生(学級担任)が見たらなんて言うかなー」「○○さんにも見てほしいな」との発言があったり、廊下を通りがかった教師をつかまえて、「僕が作ったんだよ！」と作品を見るように促したりしていました。

4　単元を終えて

（1）結果と考察

　もっている自分の力を生かして短い時間で取り組むことで、子供が活動内容を理解し、発想や構想して表現する活動に集中して取り組むことができたように感じました。目標と照らし合わせてみると、使用する折り紙を取捨選択して構成している様子から、画用紙の形や折り紙の形を基に、出来上がりをおぼろげながらに想像していると捉えることができそうです。また、例えば銀色がかっこいいからたくさん使いたいとか、カラーセロファンを重ねると下にある折り紙の色が変わることが楽しかったから表現に生かそうといったように、材料から自分のイメージを膨らませて表現に生かす姿もありました。

　この授業での様子から、既習の材料や用具を使って表現する活動は、対象とした子供たちにとって、思考力、判断力、表現力等や、学びに向かう力、人間性等の目標を達成する

上で有効なのではないかと考えました。対象の子供たちが、表現の知識や技能を習得するためには、繰り返しの学習活動が必要になります。一方で、図画工作科の授業では、材料や素材を変え、作品づくりをすることが多いです。こうした授業では、子供たちが新しい知識や技能の習得に精一杯となり、思考力を発揮したり学んだことの意味を考えたりする活動が不十分になりやすいです。既習の材料や用具を用い、子供たちが好きなように創作してみるような学習活動を、年間に何度か設定することが必要だと感じました。今後も1年に数回は行っていきたいと思いました。

（2）反省と改善・発展

　同じような単元を繰り返したい一方で、新しい材料や用具などにも関わっていく力を育む必要もあるので、年間の単元の配置やバランスを見直す必要があると思いました。

　また、授業内での発言や行動から、表現することに向かうに当たって、これまでの生活や学習の中で身に付いた枠のようなものから外れることに不安感を覚え、知らず知らずの間に行動や発想に制限をかけている様子が気になりました。柔軟な発想や、子供の中に新しい価値を生み出すこと、そして主体的な活動に結び付くように、さらに言葉掛けや、子供への接し方を吟味していく必要があると感じました。

　材料や用具の扱いについては、子供によってはハサミを使った表現を思い付くのではないかと想定

写真5　作品3：大胆に台紙からはみ出している

写真6　のりを扱っている様子

し、形の違った折り紙を折り紙ボックスに混ぜたり、見えるようにハサミを置いたりしましたが、子供たちはそのような発想には至りませんでした。また、折り紙を画用紙にしっかりと貼り付けたいけれど、効果的なのりの扱い方が思いつかず、怒りだす子供もいました。このようなことから、使用できると評価していたハサミやのりの造形的な表現に使う用具としての理解や、基本的な使い方の習得が十分でないことも分かりました。さらに画用紙に構成する様子などから表現の基盤となる、「並べる」や「積む」といった技能がしっかりと身に付いていないこともうかがえました。基礎的な材料や用具の扱いについて、本単元では、2段階の目標を設定して内容を考えましたが、1段階の目標達成に至っていない材料や用具も取り扱っていく必要があると感じました。

監　修 ───

下山　直人　　元 筑波大学人間系教授・筑波大学附属桐が丘特別支援学校校長

編　著 ───
筑波大学附属桐が丘特別支援学校

執　筆 ───
下山　直人　　はじめに，第1章
石田　周子　　第2章，第5章第3節
田村　裕子　　第3章第1節・第2節
野崎　美咲[1]　第3章第3節，第6章第1節・第2節
濱田　律子　　第3章第3節
成田美恵子　　第3章第3節
岡本　義治　　第4章第1節・第2節
吉田　光伸[2]　第4章第3節
松尾　裕史　　第4章第3節
小山　信博　　第5章第1節・第2節・第3節
柳田　和美　　第6章第3節
原　　怜子　　第6章第3節
佐々木高一　　第7章第1節・第2節・第3節
鈴木　　泉　　第8章第1節・第2節・第3節

＊1　野崎教諭は、令和4年3月まで筑波大学附属桐が丘特別支援学校の所属。同年4月から千葉県立矢切特別
　　支援学校勤務。
＊2　吉田教諭は、令和2年3月まで筑波大学附属桐が丘特別支援学校の所属。同年4月から東京都立光明学園
　　勤務。

イラスト

岡崎　志乃　　田村　裕子　　鈴木　　泉

この本は、筑波大学附属桐が丘特別支援学校施設併設学級の研究をもとにまとめたものです。

研究に関わった人 ─────────────────────────────────

令和2年度　　雨ヶ﨑正志、石田周子、大石京子、加藤裕美子、金子栄生、黒鳥由里子、古山貴仁、
　　　　　　　小山信博、佐伯真、佐々木高一、鈴木泉、中泉康、成田美恵子、野崎美咲、濱田律子、
　　　　　　　原怜子、蛭田史子、福谷憲司、松尾裕史、柳田和美、渡部圭
令和3年度　　石田周子、大石京子、小薗慶子、金子栄生、小山信博、佐々木高一、鈴木泉、中泉康、
　　　　　　　成田美恵子、野崎美咲、橋本陸、濱田律子、原怜子、蛭田史子、廣木幸恵、福谷憲司、
　　　　　　　福西八光、松尾裕史、柳田和美、渡部圭

（五十音順）

監修者プロフィール

下山　直人（しもやま　なおと）

元 筑波大学人間系教授・筑波大学附属桐が丘特別支援学校校長

青森県立の特別支援学校（知的障害、肢体不自由）教諭、国立久里浜養護学校（重度重複障害）教諭、青森県教育庁勤務を経て、平成17年から8年間、文部科学省において特別支援教育調査官を務める。この間、学習指導要領の改訂や医療的ケアの制度化等にかかわる。平成25年から、筑波大学人間系教授となり附属久里浜特別支援学校（知的障害・自閉症）校長を兼務。令和元年から3年間、附属桐が丘特別支援学校（肢体不自由）校長を務める。

<主な著書>
- 監修『よく分かる！自立活動ハンドブック1〜指導すべき課題を導く』ジアース教育新社、令和3年10月。
- 監修『よく分かる！自立活動ハンドブック2〜指導を計画する』ジアース教育新社、令和3年12月。
- 監修『よく分かる！自立活動ハンドブック3〜指導をよりよいものへ』ジアース教育新社、令和4年3月。
- 監修『知的障害特別支援学校の自立活動の指導』（全国特別支援学校知的障害教育校長会編著）ジアース教育新社、平成30年11月。
- 監修『障害の重い子どもの指導Q＆A〜自立活動を主とする教育課程〜』（全国特別支援学校肢体不自由教育校長会編著）ジアース教育新社、平成23年11月。
- 共著『新訂　肢体不自由児の教育』放送大学教育振興会、令和2年3月。
- 編著『インクルーシブ教育システムにおける特別支援学校の未来〜子供・保護者・地域〜』全国心身障害児福祉財団、平成25年3月。

社会に参加する力を育む単元開発

障害の重い子供のための
各教科の授業づくり

2022 年 8 月 8 日　初版第 1 刷発行

■監　修　　下山　直人

■編　著　　筑波大学附属桐が丘特別支援学校

■発行者　　加藤　勝博

■発行所　　株式会社 ジアース教育新社

　　　　　　〒 101-0054　東京都千代田区神田錦町 1-23　宗保第 2 ビル
　　　　　　TEL：03-5282-7183　FAX：03-5282-7892
　　　　　　E-mail：info@kyoikushinsha.co.jp
　　　　　　URL：https://www.kyoikushinsha.co.jp/

■カバー・本文デザイン　　小笠原　准子（アトム☆スタジオ）
■印刷・製本　　株式会社 日本制作センター
○定価はカバーに表示してあります。
○乱丁・落丁はお取り替えいたします。（禁無断転載）
Printed in Japan
ISBN978-4-86371-635-3